会社では教えてもらえない

仕事がデキる人の
資料作成のキホン

永田豊志 Nagata Toyoshi

すばる舎

はじめに

この本を手に取ってくださったみなさんは、資料作りに日々悩まれていることかと思います。

私は現在、起業家の傍ら、「知的生産研究家」というたいそうな肩書で講演や執筆などを行っていますが、かつては資料作りが本当に苦手で、ずいぶん苦労したものです。

上司への活動日報、会議の資料、議事録メモ、社内への通達資料。あるいは、顧客へのレポート、会社や商品の紹介資料、提案資料……。

私の作った資料に対して、上司や先輩からは「何が言いたいかわからん！」とダメ出しされ、お客様には「とりあえず間に合っていますから」とボロカスに言われました。

最初に入った会社を辞めて独立した後も、資料作りの苦手意識は変わらず、どんなに時間をかけても「う〜ん、なんかメリットが伝わってこないなあ」と評される有様でした。

そんな私がちょっとしたキッカケで、本書でお伝えするものすごく基本的なことを心がけるようになって、「資料のクオリティと所要時間」が格段に改善しました。

詳細は本文でお伝えしますが、資料の成果は、私がかつてがんばって時間を費やしていたような部分ではなく、もっともっとシンプルなものでした。

資料作りや提案の根本的な考え方を変えたおかげで、私が手がけていたサービスは顧客に受け入れられるようになりました。

自前で作った製品は数々の受賞を受け、投資家からも応援してもらえるようになり、順調に売上を伸ばしていきました。

その結果、私が共同創業した会社は創業9年目にして東証マザーズに上場、その2年後には東証一部に上場することができました。借金して作った元手1000万円の会社は時価総額で100億円に迫る勢いです。創業時の誰も見向きもしてくれなかった四面楚歌の状態から考えると、あまりの変化に自分自身でもかなり驚いています。

私たちが1日の仕事のうち、資料に関わっている時間（作成する、あるいは確認するのもふくめて）は相当なものです。

紙の資料かオンライン文書かをおいておけば、みなさんの目の前に「資料」が広がっている時間は、1日の中でかなりの割合を占めるはずです。

そういった意味では、「資料を制する者、仕事を制する」と言えるでしょう。資料作りがうまくなると、人生の勝ち組になれる、と言っても大げさではありません。

しかし、残念ながら、私たちは「資料の作り方」というとてもベーシックな仕事の技術について、体系立てて学ぶ機会はほとんどありません。

学校でも教わらず、会社に入って「どんな資料があるか」というレクチャーを受けることがあっても、「どのように資料を作るのか」をきちんとしたカリキュラムで教えてもらった人はほとんどいないでしょう。ＯＪＴ（オンザジョブトレーニング）の名のもとに、そうしたビジネスに必要な技術を教育することを会社側は放棄している状態です。

また、巷には資料やプレゼンに関する書籍がたくさんあります。しかし、残念ながら百戦錬磨の資料作成者向けのコツや、資料のタイプごとのテンプレートデザイン指南のようなものが多く、資料作成初心者が最初に理解しなければならない「幹」の部分を伝えるものは少数です。

そこで、本書です。本書は次のようなステップで、仕事のスキルの中でもっとも重要な1つである「読み手にとって、わかりやすく、魅力的な資料作り」のできる「幹」の能力を作り上げます。

ステップ1　資料の目的、ゴールを考える
ステップ2　読み手の視点に立つ
ステップ3　読み手と目的に合わせたわかりやすい紙面作り

世の中には、実にさまざまな種類の資料があります。この本は、資料の種類に応じてテンプレートなどを提示することはしません。そのような資料作成のノウハウでは、応用力がつきませんので、想定していなかったケースで使えないのです。

それよりも、資料に求められる役割や読み手にどのように訴えるのか、という基本的な流れをつかみ、ムダなく、効率的にドキュメントを作成していくスキルを身につけるのが大切です。

苦手意識のある人、これまで実践で資料作りの経験が浅い人でもご安心を。スキルですから、身につければ誰もが同じように、成果を出すことができます。本書で資料作りの基本をおさえれば、「クオリティの高い資料」に裏打ちされて、あなたの社内外における価値も同じように高まっていくはずです。

さあ、準備はいいですか？

第1章 作りこんでも内容のない資料が9割！

第2章 まずおさえたい資料作成のキホン

第3章

「何を入れるか」をとことん練ろう

第4章 説得力が10倍アップする「見せ方」

第5章 ワード、パワポでいざ作ってみよう！

第6章 ここで差がつく！プレゼン

カバーデザイン　小口翔平+岩永香穂(tobufune)
本文デザイン・図版　松好那名(matt's work)
イラスト　白井匠

第 1 章

作りこんでも内容のない資料が9割!

Basic rules of documentation

Basic rules of documentation

1

あなたの資料、がんばるところが間違ってます！

!

求められているのは、ユニークさではない

よくできた！と思うものほどボツなのは…

上司に報告書を作るように言われて、自分なりに一生懸命にまとめたのに、「読みづらい」「何が言いたいかわからない」と言われて突き返されてしまう……。プレゼン資料も一生懸命カラーバリエーションを豊富にしたのに、かえって見づらいと言われてしまう……。みなさんもこんな経験ありませんか？

一生懸命作っているのに失敗してしまう。それは資料作成のコツをおさえていないからなのです。

私はかつてリクルートという会社の新規事業を開発する担当部署にいました。リクルートというのは本当にエネルギッシュな会社で、実に多くの新規事業が経営者のトップダウンではなく、現場の社員から提案され、事業化されるおもしろい会社でした。社員全員が起業家精神にあふれていました。

私は在職中、実にさまざまな新規ビジネスや新媒体の提案を行いました。中には、その後にリクルートやそのグループの柱となるようなヒットもあったのですが、華やかな成功の裏には、とてつもない失敗が数多くありました。そして、その裏にはさらに多くのお蔵入りの企画が山積みになっていました。

私は企画を考えるのがとても好きだったので、企画数だけは人並みはずれていたのですが、なにせ、上司や役員の会議での通過率が最低でした。「こんなおもしろいサービス、絶対ウケるのに、なぜ？」と何度嘆いたことか。浅はかな私は、それを見る目のない上層部の問題だと切り捨てていたのです。

しかし、実態はまったく逆でした。私は根本的な間違いを犯していたのです。**読み手がすでに自分と同じテンション、自分と同じ予備知識、自分と同じ視点で資料や提案書を読むと考えていたのです。**言語道断な資料作りでした。

自分のおもしろいと思うところをフォーカスしがちなので、どうしても客観的視点が抜けていたり、論理が矛盾していたり……。好きなところばかりフォーカスするので、経営のプロから見れば、「？・？・？」といった印象の資料になっていたはずです。

これではアイデアがおもしろくても、会議を通過するわけがないのです。

良い企画なのになぜ通らない…

自分目線の資料は受け入れられなくて当然!

Basic rules of documentation

2

報告書も提案書も、一瞬で良し悪しを判断される

!

パッと見てゴチャッとしていたら、
もう読まれない

情報量は二の次。「読みやすさ」が一番

冒頭でもお伝えした私の失敗。これは、つまり読み手目線の資料作りができていないということ。資料はすべて相手ありきです。みなさんは読み手のことをどのくらい知っているでしょうか？

資料を作るとき、資料に何を入れたらいいか、情報のチョイスばかりに目がいきがちですが、一番大切なことは、読み手がどのように感じるかということです。主役は資料そのものではなく、あくまで読者なのです（この本だってそうです！）。

読み手に理解され、読み手の行動を促すものでなければ、資料としての価値はありません。**読み手が理解できないもの、アクションにつながらないような資料は、情報量がいくら多くても意味がないもの**、ということになってしまいます。

では、読み手にとって読みにくい資料とはどんなものなのでしょうか。

・資料の枚数が多い

・文字量が多い、文字サイズが小さくて読みにくい
・知らない専門用語が出てくる
・論理が破綻しているので、何を言っているかわからない
・情報を並べているだけで、心に響かない
などなど。


いかがでしょうか。読者のみなさんも心当たりがあるかもしれません。

読み手である上司や社長、お客様にとっては、その資料をあなたが寝ずに作ろうが、情報を十分に盛りこもうが関係ないのです。枚数が多すぎたり、文字数が多すぎたりしてしまったら、それだけで読み手は見る気が失せます。

あなたがプレゼンをしているのに、出席している人がつまらなそうにしていたり、眠ってしまっていることはありませんか?

その理由はただ1つ。あなたの資料が読み手にとって興味を持てるものではないからなのです。では、読み手を惹きつけるような、「なるほどそうか!」と思われる良い資料とはどんな資料なのでしょうか。

こんな資料は読者に不親切!

情報量が多ければ多いほど、混乱する!

Basic rules of documentation

3

弱小ベンチャーを上場に導いた、資料作成5つの法則

!

チェックポイントにすると、
格段に資料が洗練される

厳しい投資家や顧客を納得させる

資料作りが苦手だった私は、独立して起業した後も、自分で作ったダメ資料のせいで投資家や顧客から総スカンをくらい、事業存続も危うかった時期がありました。

そこで、一念発起し、身の周りで「これはデキる人の資料だな!」「わかりやすい」「グッときた!」という資料をかき集めて並べ、その共通項を洗い出すようにしました。

自分の提案書などにも、そういった要素を注意して盛りこむようになり、徐々に私自身のビジネスも好転していき、起業した小さなベンチャーが9年後には上場するまでにいたったというのは、本書の「はじめに」でもお話しした通りです。

自分の資料の改善のため、優れた資料を何度も眺めながら、私はその特徴やポイントをピックアップしてメモしていきました。

そして、それらをさらにグループ化して、まとめたポイントは次の5つです。

1　読み手の視点で作られている

2　シンプルである
3　論理的である
4　数字や事実を用いている
5　次のアクションが具体的

1の「読み手の視点で作られている」は、最初にお伝えした通り、**読み手がどのような人で、どのような予備知識や関心を持って、どのような目的を持って読むか**を意識して作っているということです。

2の「シンプルである」というのは、必要最小限の情報で最大の効果を出すように、項目やメッセージを選んでいるということです。

3の「論理的である」は、ある情報を分類するときに、すべてを網羅していて、結論とそれを導き出すための理由との関係に、無理がないという状態です。

4の「数字や事実を用いている」とは、一言で言えば客観的であるということです。自分の偏った印象や考え（主観的）ではなく、誰もが同じ考えにいたるような客観的な理由や事象ですよ、ということをしっかりアピールしている点です。

5の「次のアクションが具体的」というのは、資料を読んで、次にとるべきアクションが何か、しっかり記載しているということです。

これらのことが満たされることによって、格段に資料が見やすく、わかりやすくなるのです。

Basic rules of documentation

4

付加価値をどこまでつけられるかが勝負

!

たかが資料とあなどるなかれ。
資料作りには仕事の真髄がつまっている

具体的な問題を解決できる内容に

資料作りが下手だとどんなふうに評価されるでしょうか？　おそらく「使えないヤツ」というレッテルが貼られることでしょう。

最初は「もっとこういう情報を入れたほうがいい」などとアドバイスをくれた親切な上司や同僚も、何度も同じことを言うのにうんざりすると、もうアドバイスもしてくれません。仕事は同じチャンスが何度も巡ってくるわけではないので、なるべく早く、「資料作りのうまい仕事のデキるヤツ」というポジションを確立したいものです。

資料作りがうまくなると、当然、あなたの社内外での評価が飛躍的に高まります。

ビジネスパーソンの評価はアウトプットの質と量で決まります。

「アウトプット」というのは「成果」のことですが、仕事の成果は資料やプレゼンのように目に見えるものでなければなりません。その途中経過やプロセスは無関係です。

資料作りはそれ自体が売上や利益を産んでいないとしても、営業成績やプロジェクト利益、コスト管理といったものと同様に重要な成果です。営業で資料作りや説明がうまければ成績は自然に上がります。事務職であれば作業スピードは上がり、残業が減り、作業効率の高い人として周りに高評価の印象を与えるでしょう。

「誰にでもできる仕事」ではダメ

資料作りのブラッシュアップは、あなた自身の価値を高めることになります。仕事の成果が高まり、よりいっそう魅力的な仕事にチャレンジできるようになるでしょう。そうすると仕事自体が楽しくなるはずです。

報酬や役職なども自然とそれについてくるはずです。人生自体がうまく回転しはじめ、あなたを勝ち組へと誘《いざな》うのです。

一方で、資料作りがうまくできない人の場合、自分で必要な情報を選択し、顧客や読み手にとって価値あるカタチにできないために、まわってくる仕事は最初からやるべきことが決まったルーティンな仕事ばかりです。

最近、ＡＩ（人工知能）によって現在行われている多くの仕事が奪われるのではないか、という予測をしたオックスフォード大学の教授の記事が話題になっています。

それによれば、現在の仕事の47％は機械に取って代わられるとのことです。

職業がなくなるのではなく、定型化されたルールにしたがって作業するようなルーティンな仕事が機械に置き換わるということなのだと思います。

付加価値の高い提案資料を作れない、ルーティンな仕事ばかりをやっている人にとってはＡＩはとんでもなく脅威ですが、**自分で問題を見つけ、その問題を解決できるような提案をする人は、機械に仕事を取られることなく、人材として高い価値を保持していく**ことでしょう。

あなたはどちらの道を歩みたいですか？　答えは明らかですね。

Basic rules of documentation

5、

ハイレベルな資料からナマの技術を学ぶ

!

資料マスターの第一歩は
他人の資料コレクターになること

雑誌で見つけた良作をカメラにストック

みなさんは良い資料とそうでない資料のちがいはわかりますか?
もし、それを見分けるスキルがないとしたら、そもそも良い資料なんて作れるはずがありません。英語のヒアリングができないのに、話すことができるなんてことがないのと同じです。

でも、みなさんが良い資料としての条件を明確に持っている必要はないのです。資料を読んでみて、**「これはわかりやすい!」「これは思わずグッとくるね」と感じられるのであれば、それで十分**です。私のアドバイスは、いいなと思った資料はストックしておこうということです。

どこの世界でも目を肥やしたり、良いものに触れて自分の引き出しを充実させることは大切です。私は趣味でジャズギターを習っているのですが、よく先生から言われるアドバイスはこうです。

「難解な音楽理論を頭に入れるよりも、素晴らしい演奏をたくさん聞くことのほうが何十倍も大事」と。

資料作りもまったく同じです。**最初から良い資料の定義を知って、そうした視点で資料を眺めることも大事ですが、ある程度の量をこなしてこそ、見えてくる世界もあります。**そのためにも、日頃から「いいね！」と思った資料、わかりやすいと思った資料などをストックしておくことです。

ストックといっても、スクラップブックなど面倒なことは必要ありません。スキャナがあれば、画像やＰＤＦとして取りこんでデジタルで持っておけばＯＫ。もし、スキャナがなければスマホのカメラでパチリと撮るだけでもけっこうです。ポイントは良い資料に日頃から触れることができるように、ＰＣやスマホに取りこんでおいて、通勤時間やちょっとした合間にパラパラとめくって、目を肥やすことです。

しょっちゅう眺めていると、ある共通点が見えてくる

ちょっと脱線してしまいますが、私はニュース記事などをネットで読んでいて「これは良いサービスだ！」「着眼点がおもしろい」と思ったものがあれば、スマホでパ

チリと撮影することがあります。

ニュースをきちんと読むのであれば、ブックマークするなり、ニュースリーダーなどで管理すればいいのですが、そうではないのです。

自分が良い、おもしろいと思ったものを俯瞰的に眺めることで、自分の考える「良い、おもしろい、の物差し」ができるのです。お気に入りを眺めている中に、ある種の共通点が見いだせるのです。これが大事です。

ニュースだけではありません。私は「図解思考の技術」に代表される図解のプロとして、さまざまな講演もやらせていただいていますが、最初から図解が得意だったわけではありませんでした。最初の頃は、新聞や雑誌、本、ネット記事などを読んでいて、これはわかりやすい！と思った図を根こそぎスマホなどで撮影してストックし、そこにどのような共通点があるのかを考えはじめたのがスタートでした。

それをもとに、自分なりの図解テクニックを確立させ、日本だけでなく、中国や韓国、東南アジアなどでこれまで20冊以上の図解本を出版してきました。でも、最初はとにかく「良い」と思ったものをストックして、パラパラめくっていただけです。

もし、みなさんがどれがいいのかわからないと、自分の選ぶ目に不安を感じるようであれば、上司や同僚に、「最近わかりやすくて良いと思った資料はありますか？」と聞いて、コピーさせてもらうといいかもしれません。

人によって選ぶ指標がちがうかもしれませんが、その共通点が見つけられれば、良い資料に必要な要素はわかったも同然です。

それでは、次の章では、具体的に良い資料を作るためのキホンをお伝えしていきましょう。

第 2 章

まずおさえたい
資料作成のキホン

Basic rules of documentation

Basic rules of documentation

6

仕事ができる人ほど、シンプルにメッセージを伝える

!

二流の資料は
不要な情報を盛りすぎている

必ず心にとどめておくべき「KISSの法則」

文書や口頭で何かを説明するとき、もっとも重要で、常に心にとめておかなければならないルールがあります。それは、「KISSの法則」というものです。

KISSといっても、もちろん、あのキスではありません。

「Keep it short and simple」の略で、つまり、常に短く、シンプルにしておけ、ということです。

なるべく単純化し、短い言葉でアイデアを伝えることが、アイデアの魅力を際立たせ、聴衆の記憶に深く残ると言われています。

なぜなら人間は、本来的にシンプルなものを好むからです。複数の選択肢があれば、必ずシンプルなものを選ぶようです。

しかし、シンプルにするのは簡単ではありません。仕事のやり方、資料を作るときも、放っておくとすぐに複雑化します。

だからこそ、「常にシンプルに」という強い信念とエネルギーが必要なのです。

アップルの生みの親で、希代のカリスマ的経営者のスティーブ・ジョブズはいろいろなふうに表現されます。偉大な発明家、優れたクリエイター、聴衆を魅了するプレゼンター……。しかし、私は彼は複雑なものをシンプルにする王様だったと思います。

アップルの製品は、すべてスタイリッシュです。

しかし、デザインが優れているということは、飾り立てているということではありません。本質的なものが最良の状態で存在し、ムダなものが一切ないということです。よけいなものを排除した状態がもっとも美しいのです。それは資料も同様です。

枚数も文字数も上限を決める

シンプルな資料を作る上で、基準にしたい上限があります。

・ワードで作る報告書はA４１枚
・プレゼンのスライドは10枚以内
・スライドは１枚に１メッセージにする

資料はシンプルが命！

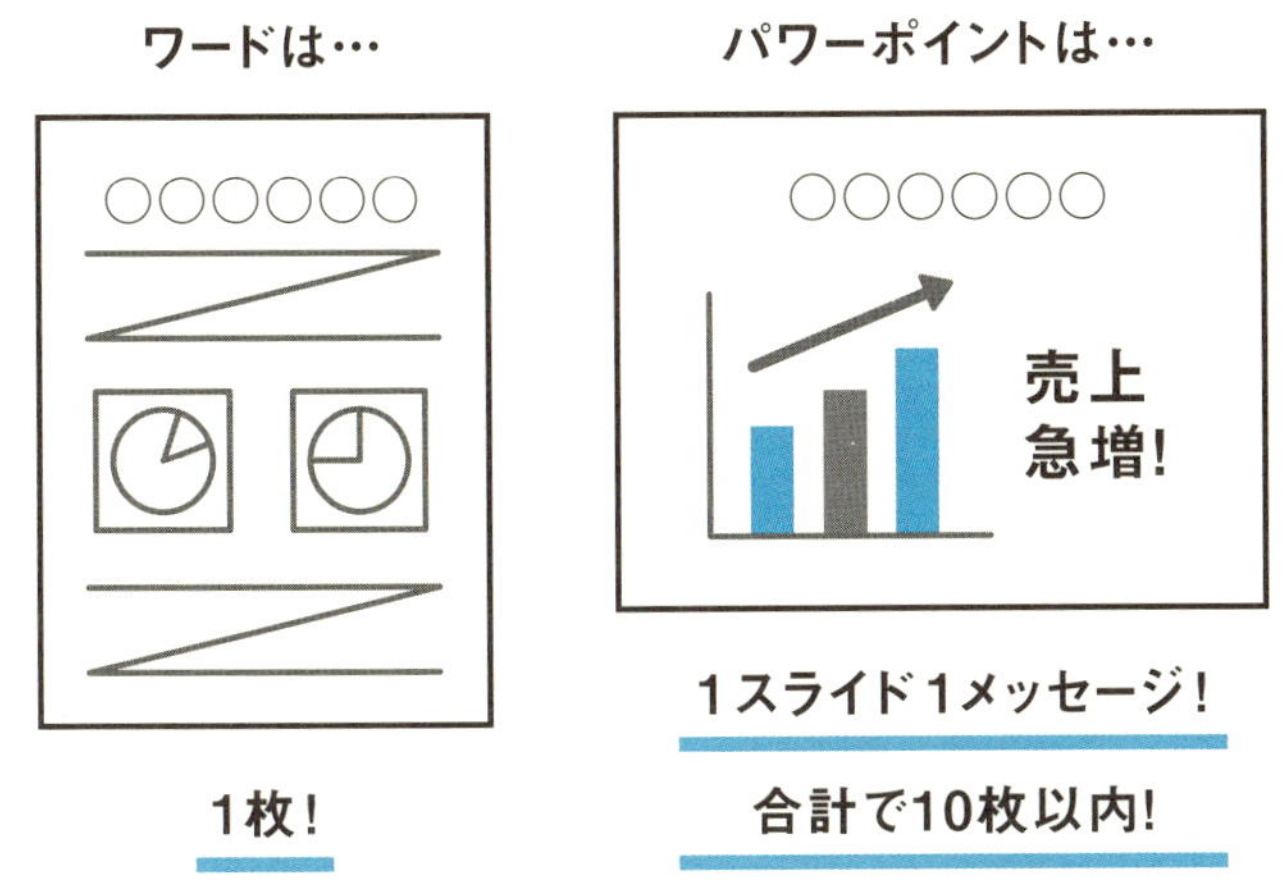

細かくは後章でご説明させていただきますが、このような上限を決めると、スペースが限られているので、必要最小限のものしか入れられなくなります。

そして、**上限をこえたものは勇気を持って目をつぶり、捨てる**のです。

時間は限られています。資料作りもミーティングも私たちの貴重な時間を投資して行うことです。

シンプルにするということは、資料を作る側にとっても、読む側にとっても大きなメリットがあるのです。

Basic rules of documentation

7

結局、紙1枚でまとまらない企画は通らない

!

自分の資料を読んでもらえる時間は
短いと心得る

多忙なエグゼクティブは10秒で判断したい

ソフトバンクの元社長室長で、孫正義氏への資料提出を担当していた三木雄信さん（現ジャパン・フラッグシップ・プロジェクト社長）によれば、孫社長に説明する資料の多くはA4用紙1枚だったそうです。

非常に多忙な孫社長は、資料に目を通して、最初の10秒くらいで判断すると言います。そのため、資料は必要十分でありながら、ムダを省き、シンプルにどこを見て判断すればいいのか、わかりやすいものにする必要があったのでしょう。

孫社長ほどでないにせよ、多くの社長、経営陣はとても忙しい人が多いものです。会議から会議へ、移動につぐ移動……、資料に目を通すのは、そんなアポイントの間の一瞬だったりします。

そんな社長に何十枚にもおよぶ資料や、細くギッシリと数字が入っているエクセルの表を渡して、何か伝わるでしょうか？ おそらく「もっとわかりやすい資料を持ってこい！」と一喝されるのがオチです。

社長向けに限らず、1枚という分量にこだわっている会社はけっこうあるようです。有名なのはトヨタの「A3サイズ横1枚にまとめる」というもの。

A4サイズだと、情報量的にスペースが乏しかったり、問題、原因、あるべき姿、提案といったストーリーが伝わりづらかったりする部分が、A3サイズであれば1枚の中で完結するというメリットがあります。

A3はA4の2倍のサイズですが、多くの場合、A3の中に3つないしは4つくらいの要素を入れることが多いので、パワーポイントで言えばスライドの4枚分を1枚に凝縮していると考えるといいでしょう。トヨタのようにある程度、社内資料のフォーマットが決まっている場合は、作成の効率も上がるので助かりますね。

本当に重要な情報だけを凝縮する

持ち運ぶ利便性を考えても、資料のサイズはA4ないしは折りたたんでA4になるA3がいいでしょう。それ以外のサイズはビジネス現場ではあまり見られないため、他より目立つかもしれませんが、相手の持ち運ぶ利便性などを考えるとやめたほうが無難です。

では、こういったA４１枚やA３１枚にこだわっている人が多いのはどのような理由なのでしょう？　それは「シンプルの魔力」です。

前項でも説明しましたが、放っておくと、説明文書というものは複雑化します。意識しなければ、資料は自然と情報量が多くなってしまいます。

あれも、これも、自分の持っているありったけの情報を詰めこむことで安心してしまいがちです。でも、読み手にとってもあなたにとっても時間は宝物。

相手の時間をかけさせない、必要最小限の情報で構成された、ムダのない資料こそ、シンプルでもっとも価値の高い資料です。

相手にとって最小の時間で理解させるための工夫は、資料作りにおいての基本的な「おもてなし」と考えるべきです。読み手が社長でも平社員でもそれは同じです。

Basic rules of documentation

8

プレゼン資料は「読まれない」のが大前提

!

一番後ろの席から細かい字は見えない

パワポは遠くから「眺める」もの

資料をプリントアウトして相手に渡す場合は、A3サイズのような大判1枚や、ワードで作成したA4書類で箇条書きに情報を列挙するパターンでもいいと思います。しかし、会議室のプロジェクターなどでスライド上映したいという場合も多いはず。そうした場合にもっとも利用されているのは、パワーポイントなどのプレゼンテーション専用のアプリケーションです。

パワーポイントで資料を作る場合は、サイズはスライド横サイズ（印刷する場合はA4横）なので、気にしなければならないのは何枚におさめるかということです。1枚のスライドに1つの項目（ページタイトル）となると、放っておくと枚数が増えてしまいがちです。しかし、ここでもシンプルの魔法は効いてきます。**なるべく意識して情報量をしぼり、印象的なスライドにすべき**です。

私が以前開催したプレゼン資料の改善セミナーでは、参加者にこれまで自分で実際に作った資料を持ってきてもらったことがありました。

すると、**コンペで負ける、受注がとれないという人ほどスライド枚数が多い傾向がある**のです。つまり情報量が多い＝魅力が薄れる、という負の相関関係があるようです。

それではどの程度の枚数（情報量）にするのがいいのでしょうか？　その目安となるのが、前にもお伝えした通り、スライド10枚です。

スライド10枚といっても、表紙がありますから実質9枚ということです。

パワーポイントの場合は、1枚に入れられる情報量は多くはありません。ワードの資料のような文字サイズで、びっしりとパワーポイントの資料を埋め尽くすのは得策ではありません。

あくまでパワーポイントは「読む」資料ではなく、「眺める」資料であるということを忘れないようにしましょう。

1スライドに1テーマで

パワーポイントは「眺める」資料ですから、ひと目で何を言っているのか（＝メッセージ）、それを裏づける事実やデータ（＝グラフ、写真、短い体言止めの文章）が目に飛びこんでくるようにしなければなりません。

そして、１枚のスライドで伝えるべきメッセージは１つだけです。ですから、９枚の説明スライドがあれば、９つのメッセージが伝えられるということです。

サマリー（概要）、問題提起、原因、解決方法の提案、解決方法の詳細、これからの実施計画、期待できる効果で７枚。まだ２枚ほど余裕がありますね。だから、１枚で１メッセージと考えれば10枚あれば十分ということです。


読み手が社長だけなら、全体像を理解するだけでもいいかもしれませんが、担当者ともなると細かい部分をチェックせざるを得ないでしょう。社長は経営的視点から、担当者は現場的視点から判断するからです。

社長や担当者、それに異なる部門も見るという資料を作る場合もあると思います。その場合は、なるべく前のほうに「概要」「経営的意義」、後ろにいくほど「詳細」「実際の運用」などの情報を配置すればいいでしょう。

具体的には、表紙の次に「エグゼクティブサマリー」と呼ばれる資料全体の骨子や概要を伝えるスライドを入れ、まず社長にはそこで判断いただく。ここで興味を持ってもらえなければ、次はありません。

そして、頭から10枚以内に全体の提案内容をまとめます。担当者向けの情報としては、粒度が粗いところもあると思うので、10枚以降に補足資料としてさまざまな詳細情報やデータなどをつけるというわけです。

このようにすれば、社長は前のほうだけ見て判断し、「細かいところは担当者につめておくように」と指示が出せますし、担当者は補足資料などから細かい部分について確認することができます。

最初の1枚、頭の10枚、足りなければ補足資料を巻末に入れる、と覚えておきましょう。

プレゼン資料はこの流れがキホン

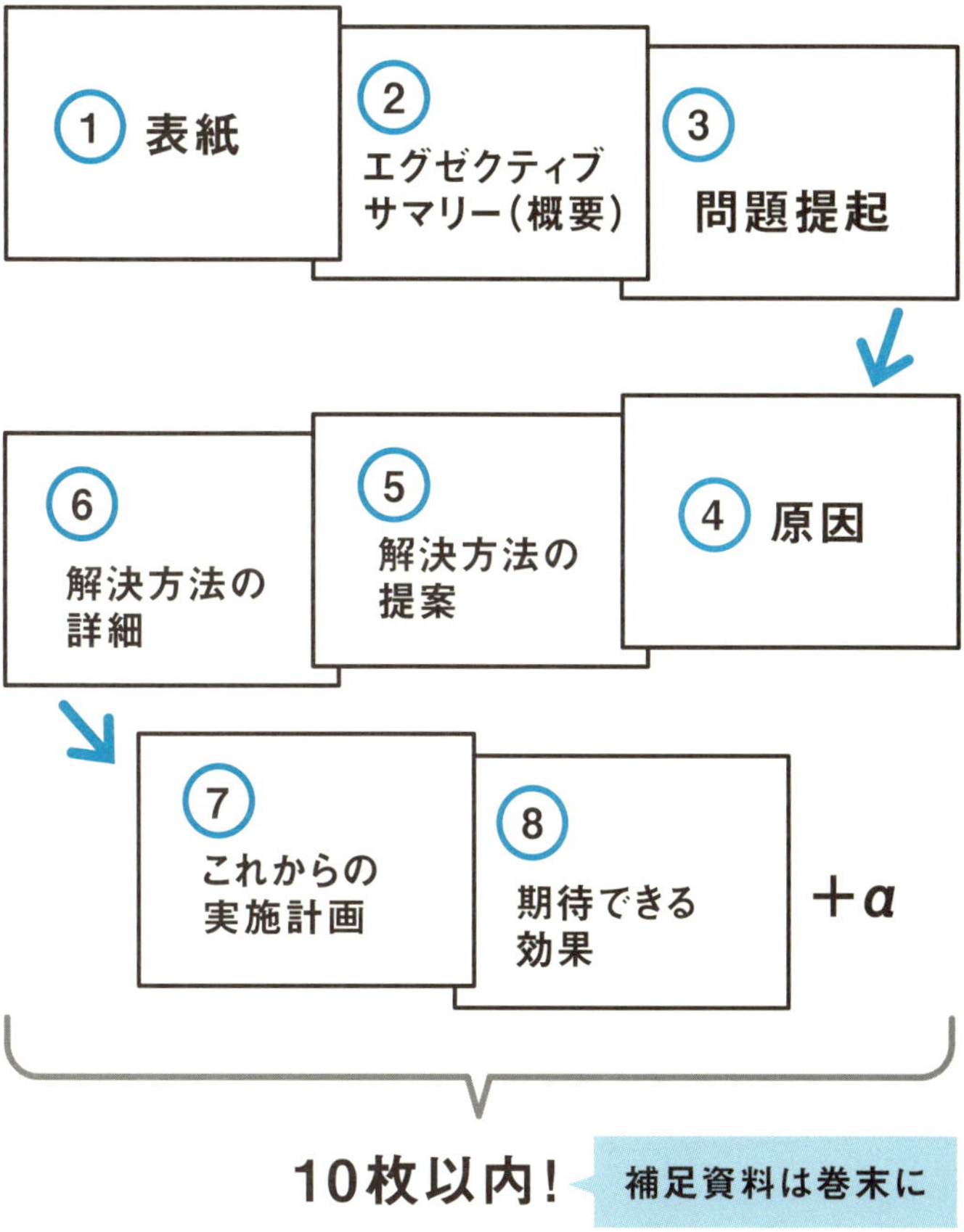

1枚で1メッセージ。内容を盛りこみすぎないように

Basic rules of documentation

9

「何を書くか」の前に「なぜ書くか」

!

そこをつきつめて考える人は少ない

「目的」によって書き方は全然ちがってくる

資料作りでうまくいっていない人には共通点があります。それは、「何を書くべきか」「どう書けばいいか」からスタートしているという点です。

「えっ？　資料を作るんだから、何を書くべきかを考えるのって当たり前でしょ！」と思われる方もいるかもしれませんね。

資料をどのように書けばわかりやすいか、どんなスライドを作れば見栄えがよくて説得力があるのか、そうしたことを考えながら資料を作る人は多いことでしょう。巷の資料作成本も多くは、そうした「何を書くか」「どう作るか」に力点を置いたノウハウが紹介してあります。もちろん、それらも大事ではあります。しかし、スタート時点で一番大事なのは別のことなのです。

資料作りの上手な人が、一番大切に考えていること。それは「何のために書くのか」ということです。資料の目的、大げさに言えば存在意義といったものです。

資料は、とくにビジネスにおいては、それを読む人たちにとって大事な判断を行ってもらうための材料です。材料が間違っていれば、判断も間違えます。

判断ミスによって、取り返しのつかないことになったり、場合によっては会社自体の経営がゆらいだりすることすらあるのです。

そんな大事な判断材料ですから、その読み手はどのような関心を持って、どんな課題を持って判断しようとしているのか、判断にはどんな背景があるのか、そうしたことを考えずに資料を作ると、目的にそぐわないチグハグなものになってしまいます。

読み手は経営陣？ 技術者？ 顧客？

たとえば、サービスの障害報告書の場合を考えてみましょう。

あなたの会社は通信会社で携帯やスマートフォンを提供しているとします。その通信回線で一時不通になる障害が発生してしまったとします。この報告書を作るとしたら、あなたはどう考えますか？

第一に考えるべきは、その読み手です。一般の利用者向けであれば、伝えるべきは、会社としての謝罪、発生した障害と簡単な経緯、今後の対策などでしょう。一般の利用者に通信の細かい技術的な原因を説明しても意味がなく、利用者もそんなことは望んでいないでしょう。

しかし、会社としてはサービスを利用し続けてもらうべく、信頼回復という目的も果たさなければなりません。再発を防止するためにしっかり計画が練られていると伝えることが大切です。

でも、もし読み手が技術や営業部門も含む社内関係者だとしたら？　発生した事象を時系列に詳細にフォローしながら、しっかりと原因に踏みこむべきでしょう。

このように**1つの事象でも、読み手によって資料の使い方、見方は変わります。読み手によって同じ資料でも「目的」が異なるからです。**

つまり資料の目的、読み手がどのような情報を資料に求めているのかをしっかり考えた上で資料を作らなければいけないということです。何を、どう魅力的に伝えるのかはその後です。

テンプレートは参考程度に

なるべく効率よく資料を作ろうとすれば、目的別にテンプレートを作っておくという手があります。購入稟議であればコレ、日報であればコレ、営業提案書であればコレ、といった具合です。

また、資料作りをする際に、まずネットで同じような文書を検索して参考にする人も多いでしょう。あるいは、こうしたテンプレートが会社のほうで用意されており、その通りに記入している人もいるかもしれません。

しかし、そうしたテンプレートだって誰かが作ったものです。

テンプレート制作者が考えたような読み手、目的、シチュエーションのままであればうまく機能するかもしれません。しかし、**多くの資料作りでは、ケースごとに読み手も目的もシチュエーションも微妙に異なるはず**です。そうした差異を考えないで、テンプレートを埋めるだけの文書作りでは、資料の目的を果たすことはできません。

テンプレートは参考程度にとどめ、資料の本来の目的をしっかり自分の頭で考えて、必要な要素をピックアップしていきましょう。

テンプレート探しに時間を使いすぎていませんか？

目的をハッキリさせると、効率が急速にアップ！

Basic rules of documentation

10

3000万回視聴されたすごいプレゼンの秘密

!

究極の目的である「人を動かす」を実現する

優れたアイデアを生み出す「ゴールデンサークル」理論

前項でお話しした通り、資料作りはまず「読み手にとっての目的」を考えることが大切です。では目的をハッキリさせた後は、どのように資料作りを進めていけばいいのでしょうか。その指針となるのが、「ゴールデンサークル」です。

「ゴールデンサークル？ 何それ？」と思った読者も多いでしょう。まずは、ゴールデンサークルについて説明しましょう。

ゴールデンサークルとは、優れたリーダーや企業の研究で知られているサイモン・シネックが掲げる、とてもシンプルな理論です。彼の素晴らしいプレゼンはＴＥＤで３０００万回近く視聴されています。

サイモン・シネックは、優れたリーダーや企業の共通点として、いつも**Why（なぜ）からスタートする**ことをあげています。

その説明として、次のような3つの円で構成されている、とてもシンプルな図を紹介しています。これがゴールデンサークルです。

ゴールデンサークル理論とは?

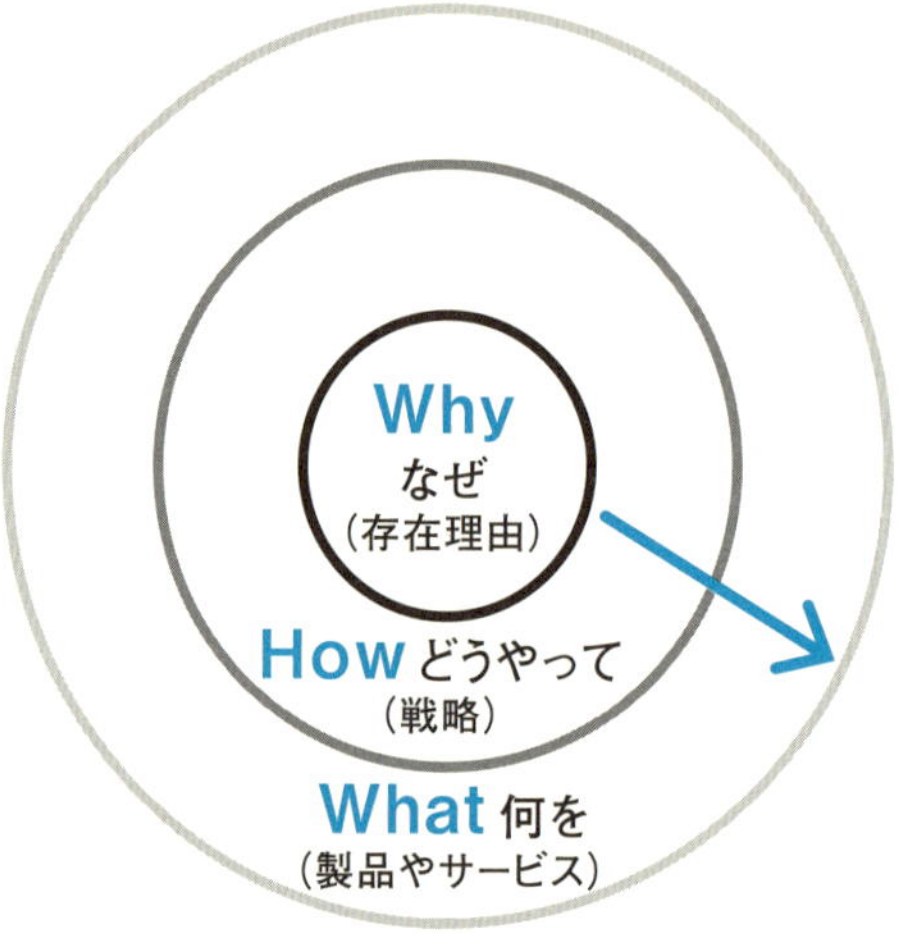

1つ目、一番中心に位置する円は「Why(なぜ)」です。

2つ目、Whyを覆うのは「How(どうやって)」の円です。

3つ目、そして一番外側の円は「What(何を)」です。

この円は中心から外側に向かっていきます。つまり、「なぜ、何のために」というビジョン(存在理由)からスタートし、「どうやって」というビジョンを実現するための戦略を決め、最後に、「何を」(=製品やサービス)を決めていくのです。

ほとんどの企業がヒット商品を目指して製品やサービス作りに躍起になります。つまり、「What」から考えているということです。

一方で、何のために自分たちは事業を行うのか、何のためにこの世に存在しているのかを本気で問いかける企業はそう多くはないでしょう。

しかし、実は人々の共感、企業への信頼は、製品やサービス以上に、企業がどのような哲学、考え方によって運営されているかが大事だったりします。

たとえばiPhoneのヒットで世界のインターネット利用にモバイル革命を起こしたアップル社の例で考えてみましょう。

アップル社の場合は、創造的で豊かなライフスタイルを提供するために（Why）、クールなデザインと最先端のコンピュータ技術を駆使して（How）、MacやiPhoneという製品（What）を作るということになります。

製品が変わっても、場合によっては手段が変わっても、アップルである限り、目的や理念は変わらず、それを実現する先進的なプロダクトを提供し続けるにちがいありません。ユーザーを単なる利用者ではなく、「信者」に変えるのは、この「Why」

がブレないからなのです。

資料作りもWhy→How→What思考で

このゴールデンサークルは、優れたリーダーの行動哲学というテーマで描かれたモデル図なのですが、資料作りでもまったく同じことが言えます。なぜなら、リーダーも資料作成者も、究極の目的は「人を動かす」ことだからです。

Ｗｈｙ→Ｈｏｗ→Ｗｈａｔは、言い換えれば、「目的」「手段」「成果物」ということです。

たとえば、トラブル報告書を書くのであれば、「目的」「手段」「成果物」にしたがって考えると左のようになるでしょう。

お客様の心配を取り除き、信頼を得るために（Ｗｈｙ）、トラブル発生後に迅速にメールでお知らせする（Ｈｏｗ）、トラブル報告書（Ｗｈａｔ）です。これを頭に叩きこんだ上で、障害報告書に記載すべき項目や表現を考える必要があるのです。

まずはWhy（目的）から考えよう

Why
（目的）
＝ お客様の心配を取り除く

↓

How
（手段）
＝ メールでお知らせする

↓

What
（成果物）
＝ トラブル報告書

「人を動かす資料」は目的が明確。
だから相手に伝わりやすい

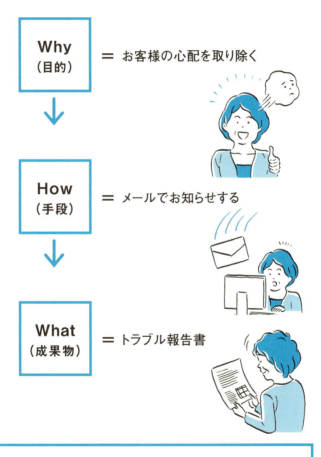

Basic rules of documentation

11

グッと惹きつけられるかは最初の数行でもう決まる

!

読み手の「ポジション」も関わってくる

理解できないことがあると、最後まで読んでもらえない

資料は読み手にとって、価値の高い情報を提供することに意義があります。そのためにもまず読み手のことをよく知ることです。

読み手について、次の3つをおさえておきましょう。

1　読み手は誰か
2　ポジションと役割
3　関心と予備知識

まず、読み手です。56ページでもお話しした通り、読み手が誰なのかによってニーズが変わるので、資料の構造がまったく変わってきます。

読み手は1人なのか、それとも複数いるのか？　社長や経営幹部なのか？　社内メンバーなのか、あるいは顧客なのか？　そういったことを検討します。

1つの資料が社内のいろいろな部門を巡回したり、社内決裁を取るために下から上

層部に上がっていったりする場合もあるでしょうから、そうした場合は複数の読み手がいることを意識して、資料を作る必要があります。

読み手がイメージできたら、次にその人のポジションと役割です。

ポジションというのは、読み手は自分で行動するかどうかを決めることができる意思決定者なのか、それとも意思決定者に対して上申したり、補助したりする立場なのか、ということです。会社でいえば、上層部に行くほど経営視点になり、一般社員に行くほど現場視点で考えがちです。

経営視点では会社にとってのメリットを第一優先に考えるので、全社的なメリットがあれば、細かい部分は現場に任せる傾向があります。

逆に現場視点で言えば、どうすれば現場でオペレーションがスムーズに運ぶのかを優先するでしょう。このようにそれぞれの立場によって、必要とする情報レベルも、その細やかさも変わってくるのです。

専門用語や業界用語は誰でもわかる言葉に

また、読み手の関心度合いと合わせて、読み手が予備知識をどの程度持っているかも、しっかり考えておく必要があるでしょう。

難しい専門用語や業界内だけで使われている特殊な表現やキーワードなどがあると、知らない人は理解できないだけでなく、資料自体への興味を失ってしまいます。

人間は理解できないものは決して選択しません。

「よくわからないのなら、質問があるのでは？」と思ったあなたはちょっと甘いです。人にはプライドというものがあります。知らなくても知ったかぶりをするものです。

しかし、実際には理解していないので、興味は失っているということです。

こうした問題を回避するためにも、読み手のレベルに合わせて、なるべくわかりやすく、簡単な言葉を使いましょう。

もし、**相手のレベルがわからなければ、念のためレベルは一番下を想定しておくことです。**下にしても、上の人には対応できますが、最初から上にしてしまうと下の人はすくえません。

Basic rules of documentation

12

資料は会議や商談のオマケではない。主役である

!

情報の羅列ではなく、重要な「判断材料」

「次のアクション」を後押しするもの

資料は、読み手にとってどのようなアクションをすべきか判断するための大切な材料です。いくつかの選択肢の中から1つを選ぶために、資料に目を通す場合もあるでしょう。起きている問題をどのように解決すべきかを考えるために、資料を読む人もいます。

資料は、会議や商談のオマケではありません。次のアクションをどうすべきか、それを判断するために読むのです。

また、顧客や社内での提案で自分のアイデアや企画を承認、選択してもらう場合の資料であれば、次のアクションに必要な情報が資料の中に記載されていることが大事です。

たとえば、良い提案であっても、「具体的にはどうやるの?」「いくらかかるの?」「誰がやるの?」「いつから始まるの?」といった疑問に答える情報がないと、読み手は判断がつきません。

アクションプランのヌケやモレを防ぐためには、「5W2H」というフレームワークから考える手もあります。

5W2Hは、なぜ（Why）、どのように（How）、何を（What）、いつ（When）、どこで（Where）、だれが（Who）、いくらかかる（How much）の7つの要素の頭文字をまとめたものです。

計画の詳細情報として、開始日、終了日、期間、日時といったWhen情報、実施場所、作業場所などWhere情報、対象者、責任者、体制などWho情報、売上や経費などHow much情報などが入れられれば、誰の目にも具体的で判断しやすいでしょう。

会議や商談のゴールは資料を読むことではなく、読み手が判断し、次のアクションにつなげることです。そのアクションの具体的なプランが5W2Hで書かれていれば、すぐに次のアクションに行動をうつすことができます。

5W2Hで資料のモレをなくす

Why	=	目的 （例）お客様の心配を取り除く
How	=	手段 （例）メール添付による通知
What	=	成果物 （例）トラブル報告書
When	=	開始日、終了日、期間、日時 （例）○月○日復旧
Where	=	実施場所、作業場所 （例）関東全域
Who	=	対象者、責任者、体制 （例）A製品を使用のお客様
How much	=	売上、経費 （例）再発防止策に○万円の経費必要

完ぺきな情報で行動につなげよう!

Basic rules of documentation

13

どんな資料も最終的には2つのパターンに分けられる

!

まずは型を覚える。そこに内容を入れていく

情報共有型と問題解決型

次に、資料がどのようなタイプなのかを考えましょう。大まかに言うと、資料には「情報共有型」と「問題解決型」の2つのタイプがあります。

情報共有型の資料は、発生した事実や今後の計画などをお知らせする場合のもの。問題解決型の資料とは、現在発生している事象を解決したい、そのための提案書です。

当然、1つの資料の中で、2つの要素をあわせ持つ場合もあります。

ここでは、両方の要素を持つ資料の例として、新しい料金体系を利用者にお知らせする資料、というものを想定してみます。

「お知らせ、であれば情報共有なのでは?」と思う人もいるかもしれませんが、料金体系の変更が利用者にとって改善された内容(つまり、トータル金額が安くなる)であれば、問題解決型でもあります。

まず、情報共有という面では、料金の計算方法や変更の実施時期など、変更される部分について、ヌケとモレのない情報が必要です。資料にヌケやモレがあれば、問い

資料は大きく分けて2つある！

① **情報共有型**＝事実や計画のお知らせ

② **問題解決型**＝現在の問題を改善する提案

①と②のミックスもあり！

合わせが大量に発生して対応に追われることになります。

優れた資料というのは、資料が一人歩きしても機能を十分果たすような資料のことです。

ヌケやモレを防ぐために有効なのは、前項でご説明した5W2Hというフレームワークです。

資料の情報としては、日時や期間、対象エリア、対象者や実施担当者、対象となるサービス、目的と背景、実施方法、コストや料金の計算方法ということになります。

5W2Hを資料項目のチェックリスト

それぞれのポイントをおさえよう!

問題解決型

Before

これまでの問題点

↓

After

解決後

情報共有型

5W2H

When	いつ
Where	どこで
Who	誰が
What	何を
Why	なぜ
How	どのように
How Much	いくらかかる

として、常に頭に入れておくことで簡単に重要な項目の記載モレを防ぐことができます。

次に、問題解決という視点でこの資料を考えてみます。**問題解決型の場合は、Before／Afterを強く意識します。**問題がBeforeで、解決された後の状態がAfterです。BeforeとAfterがしっかり区別され、また、問題が解決された状態でないと意味がありません。

新料金体系のお知らせであれば、これまでの料金体系に比べて、新しい料金体系は利用者にとって、どの点が有利なのかをしっかり伝えましょう。

もちろん、すべての利用者にとって有利な変更ではないケースもあるでしょうが、ＢｅｆｏｒｅとＡｆｔｅｒの料金グラフを左右に並べて有利な点を明確にする、メリットやデメリットを表組みにするなどが考えられます。

情報を整理して端的に見せる

一番重要なことは、読み手を知り、読み手の目的を満たすことですから、資料の冒頭は「相手先」「目的がわかるタイトル」が来ることでしょう。

Ａ４１枚の書類であればワードなどの上部に、提案資料であれば1枚目のスライドに入れるべき情報です。

次に「概要」です。提案書であれば「エグゼクティブサマリー」と呼ばれるスライドで、１枚使います。

新しい料金体系のお知らせのケースであれば、既存利用者に対するサービス利用の感謝の意、料金体系変更に関する重要なお知らせである点などを伝えるべきです。

5W2HとBefore/Afterを組み合わせて作成しよう!

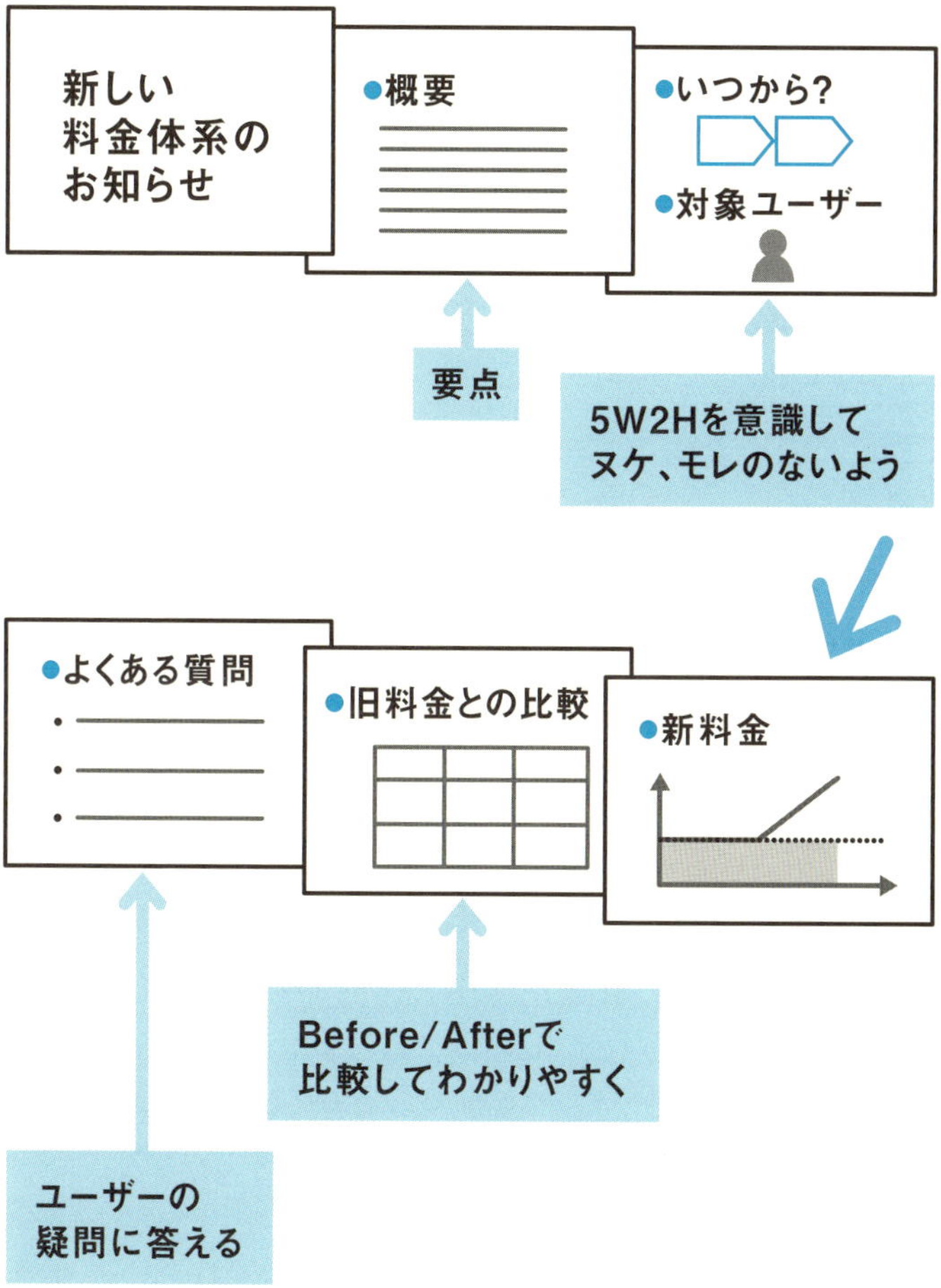

その後には、詳細情報を続けます。モレのないよう、5W2Hを意識しながら、必要な項目をピックアップします。パワーポイント資料の場合は、1スライドに項目を列記すればいいでしょう。79ページの図のように、料金シミュレーションをグラフを使って表現すれば、より視覚的に理解できます。

利用者にとって、お知らせする内容が改善、問題解決する場合は、Before、Afterを意識します。これまでの料金、これからの料金を比較しやすいように表などを利用するといいでしょう。

最後に、よくある質問などを補足資料として添付して、合計6ページです。これで、スライド資料は10枚以内という鉄則も守ることができます。

資料のキホンをおさえたところで、次章ではいよいよ内容作りに入っていきます。PCを立ち上げる前に紙とペンを持って、徹底的に内容を練りこんでいきましょう。

第 3 章

「何を入れるか」をとことん練ろう

Basic rules of documentation

Basic rules of documentation

14

PCを立ち上げるのは最後の最後。まずはノートで「設計図」を

!

頭の中身をとにかく紙に書き出し、整理する

アプリの「操作ごっこ」に時間を取られない

多くの人は資料を作るときに、いきなりパソコンを開いて、おもむろにワードやパワーポイントを立ち上げ、レイアウトに取りかかろうとします。

アプリケーションの画面を見ながら、「さあ、どんなタイトルにしようか、何色のスライドにしようか」などと本筋から離れたところに時間を消費してしまいがちです。

しかし、資料を作る作業の時間よりも、資料本来の目的を考え、必要かつ最小限の項目は何かをピックアップし、それをどのようなカタチで示すのがもっともわかりやすいのかを考える。そう、まさに考える時間が一番重要なのです。

私たちは実に多くのタスクを抱えて仕事をしています。のんびりアプリケーションの「操作ごっこ」をしている暇はないはずです。与えられた時間の中で、最大限のアウトプット（成果）を出すことを求められています。そのために必要なことは、**考える時間と作業の時間を分離すること。**

私の場合は、プレゼン資料にせよ、事業計画にせよ、資料作りの前にカフェにこもって、まず考えをまとめます。考えをまとめるまでは、ＰＣは立ち上げません。さらに言えば、ネットやスマホも持たないほうがベターです。考えを整理するために必要なのは、ＰＣやインターネットではありません。私の場合、ノートと万年筆だけで、ひたすら熟考します。

ノートに、資料の目的、読み手の情報、必要な項目、ページネーション（ページ配分）、場合によってはレイアウトのラフやグラフなどの表現方法なども、どんどん手描きで記載していきます。これが資料の「設計図」となります。

設計図とは、資料の目的と読み手を意識した資料のタイトルと目次、必要な構成要素のリストのことです。

設計図さえあれば、仕上げの作業はそんなに時間がかかりません。さっさとアプリケーションの画面に必要な事項を打ちこみ、データがあればグラフにしたり、写真などの素材を挿入してできあがりです。

設計図から大きくずれることはありませんし、作業や仕上げに専念できるので、最終的なクオリティはより高くなります。

設計図さえあれば、ほぼ完成

ノートの内容をアプリケーションで再現するだけで、
できあがる。作成時間も短縮！

Basic rules of documentation

15

どの資料も入れるべき内容はたったこれだけ

!

必須項目を知っておけば
アウトラインを作るのも簡単

全体像を把握したら、具体的な項目を

資料の目的や読み手の情報を把握したところで、中に何を入れていくか決めていきましょう。どのような資料においても、おおよそ必要とされる項目というものはあるものです。それは以下のようなものです。

・タイトル
・概要（サマリー）
・目的（ねらい）
・課題（発生している問題▼Before）
・解決方法（提案内容▼After）
・スケジュール（実施の段取り）
・お金の話（費用、売上等）
・運営体制
・FAQ（よくある質問）……などなど。

資料に必要な主な項目はコレ!

1 タイトル	6 スケジュール
2 概要	7 お金
3 目的	8 運営体制
4 課題	9 FAQ
5 解決方法	

…etc.

資料によっては必要のない項目もあるかもしれません。

しかし、**おおよそ項目としてピックアップされるものの最大数を引き出しに入れておいて、取捨選択するのであれば、効率良くアウトラインを作ることができます。**

スタートダッシュに力を入れる

何事も締め切りはつきものです。資料作成においても、それは同じ。問題はスケジュールの組み方です。

資料作りで無理なく、納期に遅れず、クオリティをキープするための方法は、**期間のうち最初の2割に注力する**ことです。

これは、他の仕事のプロジェクトも同様ですが、最初の2割の時間で資料のアウトラインを決めたり、完成イメージのラフを決めたりすることができれば、後は仕上げに向けてじっくり取り組むことができます。

納期に間に合わせるだけでなく、ブラッシュアップして期待以上の成果を出すこともできます。逆に、期間の後半の2割に作業を詰めこむやり方は、時間切れでクオリティの低下は免れません。

これは、私たちにはちょっと懐かしい、夏休みの宿題を思い起こせば納得できると思います。

プロジェクトの頭で一番力を使い、しっかりと足固めすることが大事です。

さて、次項からは、具体的な資料作成のケースに合わせて、どのような目次立てが考えられるか、みなさんと一緒に考えてみたいと思います。

Basic rules of documentation

16

目次立てで資料の9割はできたも同然

!

1～5くらいの見出しで流れを作る

新しいPC購入の稟議資料の場合

レイアウトに取りかかる前に、目次作りが最重要です。

ここでは前項の項目出しの手順にしたがって、具体的に商品の購入稟議書の目次を考えてみます。

会社においては、1年を通じて非常に多くのものを購入します。

しかし、1つひとつの物品やサービス購入は何かの目的があり、必ず上司や購買部などの決裁承認が必要なことがほとんどです。ここでは、新しいパソコンを購入するというケースを考えてみたいと思います。

私たち個人であれば性能が高い、デザイン性が優れているという理由で購入する場合もあると思いますが、企業は何かの目的を達成するために1つひとつの商品を購入するのが前提です。その目的は、やはり業務の生産性を上げるということに尽きると思います。

したがって、パソコンを購入する場合、**どのくらいの生産性の向上が見こめるか、**

そしてその費用と効果が見合うかどうかがもっとも重要なポイントとなってくるでしょう。そのことをしっかり概要及び購入の背景として、冒頭に記載することが大事です。

（タイトルと概要の例）
最新型ＰＣ導入による業務改善の提案
概要：全社員の業務用パソコンをオレンジ社製の最新型に交換し、
　　　生産性を改善する

目次立てとしては、まず目的である生産性がどのように改善するのか、その期待値を示す必要があると思います。先ほど説明したＢｅｆｏｒｅ／Ａｆｔｅｒを思い返して、現在の課題はどうで、導入するとどうなるのか、わかりやすいように比較してあげましょう。

その上で、どのパソコンにするのか、なぜそれを選択したのか、他機種との比較、導入コスト、費用対効果（投下した予算に対してどう回収できる見こみがあるのか）、

目次の例

最新型PC導入による業務改善の提案

全社員の業務用パソコンをオレンジ社製の最新型に交換し、生産性を改善する

(1)現在の業務における生産性の課題

・故障や不具合の発生状況 ← **数字**

・遅い処理速度による業務上の問題 ← **数値、あるいはヒアリングによる実態**

(2)最新型PC導入による生産性の向上

・現在との処理速度比較 ← **比較表**

・期待される業務時間の短縮効果

・業務時間圧縮によるコスト効果の試算 ← **(PC関連業務の割合×年間総労働時間)など、根拠となる計算方式**

(3)導入予定PCについて

・概要と特徴

・他機種との性能&価格比較 ← **比較表**

・コスト総額と費用対効果 ← **見積添付、費用対効果については総額/改善効果による回収期間**

(4)導入スケジュール ← **タスクごとの開始時期と終了時期を明示した図**

(5)サポート体制 ← **体制図**

導入スケジュール、スムーズな交換のために何が必要か、などを考えればいいでしょう。

モレのないように、資料作りにおいては5W2Hの要素を1つずつピックアップして、説明の必要がないか確認するといいでしょう。

目次さえあればパワポにもワードにもできる

93ページの目次を見ると、見出しだけではなく、中身にどのようなデータを持ってくる、どんな表現（比較表など）で説明するか、大まかに書いてありますね。

目次にしておけば、この後、やるべきことが明確で、何のデータをどこに探しにいけばいいか、何を説明すればいいかわかります。アウトプットに必要のないデータを収集したり、読みこんで分析したりする手間も省けます。

この目次を上司や関連部署にメモとして送って、「こんな感じでいいですか？」と確認することもできます。とにかくムダがありません。

最終的に、この資料がワード文書のように縦に見出しが並んだものになろうが、パワーポイントのスライドになろうが、目次はほぼ変わりません（パワーポイントのスライドでは、93ページの（1）～（5）がそれぞれスライド1枚に相当するので、タイトルと合わせて6枚くらいのスライドになることが想像できます）。

このケースは「パソコンを購入する」ための資料ですが、それ自体は「目的」ではなく「手段」です。では目的は何かと言うと、業務の生産性を上げること、ひいては利益を生み出すことです。

企業の目的は直接的にせよ、間接的にせよ、生産性を上げ、利益を生み出すことにあります。そこを念頭に置いて、資料作りをするようにしましょう。

Basic rules of documentation

17

メインコピーに感情をゆさぶる「しかけ」を入れる

!

論理は大切だが、
それだけでは人は動かない

タイトル、リード、見出しがまず読まれる部分

資料にはさまざまな「コピー」の種類があります。

コピーとは複写のことではなく、広告用語でキャッチフレーズや商品の説明テキストなどを指す言葉です。資料においてもタイトルや見出し、リード（タイトルを補足するための文章）などは、広告業界でいうコピーにあたります。

広告宣伝が目的ではなくても、会社で作成する資料の文章は読み手にとって魅力的である必要があります。

そして、何度も説明している通り、資料は相手の興味を引いて、具体的なアクションを引き出すことを目的としています。人間は感情の動物です。理論的に合っているというだけでは、動きません。そこに、感情をゆさぶる「しかけ」が必要です。

資料のコピーについて重要な順にピックアップすると、

1　全体のタイトルとリード
2　項目の見出し（パワーポイントではスライドのページタイトル）

3　ページ内のキャッチコピー

という順番になると思います。

タイトルは一番大事です。読み手は、資料であろうが、ブログの投稿であろうが、本のタイトルであろうが、タイトルを読んで、次のステップに行くかどうかを決めます。どんなに中身がよくても、タイトルが魅力的でなければ読んでもらえません。

ベストセラー本に学ぶパワーワード

次のような魅力的な本のタイトルからヒントを見つけてみましょう。

・『マッキンゼーで学んだ、最強の〇〇』
↓　インパクトのあるキーワード、固有名詞
・『1日10分間で身につく、〇〇』
↓　お手軽感、具体的なベネフィット
・『〇〇する100の技術』

↓　ボリュームとしてのお得感、内容量がイメージできる

・『なぜ成功する人は○○なのか？』

↓　答えを確認したい、意外性

もちろん、これら以外にもいろいろなタイプのタイトルがありますが、ここには私たちが気軽に使え、なおかつインパクトを生むことができる方法のヒントがいくつか隠されています。たとえば、言葉としての強さです。

マッキンゼー、トヨタ、グーグルのように誰もが知っていて、一目置いているような企業の固有名詞は強いです。人の名前や商品も同様です。

また、固有名詞だけでなく、**「最強」「最高」「唯一」「成功」**といった読者をひきつけるわかりやすいキーワードの存在です。たとえば、「体に良い食事」と言われて気にもとめない人でも、「シリコンバレー式、自分を変える最強の食事」と言われると、どんなものか興味が湧いてくるにちがいありません。

このように、読み手に対して強い印象を与えることのできる「パワーワード」の引き出しをいくつか持っておくと、タイトルがググッと魅力的なものになります。

Basic rules of documentation

18

文章は単刀直入、ギュッと短くがキホン

!

けずればけずるほど言葉に力が宿る

タイトルは20文字以内におさめる

さて、先ほどは本を買う話を例にとりました。山のように平台に置かれた本の中から1冊を選ぶときに、ほとんどの人は本のタイトル（もちろん表紙デザインを含む）で選んでいると思います。その際、魅力的なタイトルになるようなパワーワードを入れる、というのは前述の通りです。

そして、**魅力的なキーワードとともに重要なのが、「簡潔である」ということ**です。時間コストを重視するビジネスの資料においては、これはとても大事なポイントです。

たとえばタイトルを決めるとき、内容を具体的にわかりやすく表現するために、文章チックのやたら長いものになってしまうことはないでしょうか。

次の1と2を見てください。

1　スマートフォンユーザ向けに最新旅行情報を提供するアプリを提案します

2　最新の旅行情報スマホアプリの提案

1と2は同じ内容を示していますが、比べてみると、1よりも2のほうがはるかに印象が強くわかりやすいはずです。

タイトルの長さは、短いほどいいのです。**短ければ短いほど、インパクトがあり、メッセージは強く伝わります。**

別に広告のキャッチコピーのような凝ったものは必要ありません。しかし、必ず1行に収まるような字数にすべきです。

ワードとパワーポイントでは1行に入る字数や文字サイズはちがいますが、それでも20字以上になると1行におさめるのが難しくなるか、文字サイズを小さくせざるをえないでしょう。目安としては、10～20字くらいがいいのではないかと思います。

文字をけずる3つのポイント

文字をけずるポイントは次の通りです。

1　主語や述語をけずって体言止め

（例）
弊社は御社のあらゆる経費精算業務を支援します
↓ 経費精算のトータル業務支援

主語や述語は、前後関係や説明のシチュエーションから省略しても問題ないケースが多くあります。また、「～します」のように動詞で終わるよりも「業務支援」のように体言止めのほうが、印象として締まりますし、字数もけずれます。

2 重複、類似表現をまとめて冗長性（ダラダラ感）をなくす

（例）
安心、安全、日本発のセキュアな国産グループウェア
↓ 安心の国産グループウェア

安心、安全、セキュアはすべて類似のことを指しているので、1つにまとめることができます。日本発と国産も同じことを指しているので、こちらもまとめることがで

きます。冗長性とは、同じことをダラダラ長く書かない、ということです。

3　なるべく短い言葉に置き換える

（例）

人工知能の支援によりルーティン業務に関わる人件費を削減

↓　AIによるルーティン業務コストの削減

人工知能は、ほとんどのビジネスマンの間で「AI」と置き換えても理解されるでしょう。また、業務に関わる人件費は、「コスト」と一言で置き換えてしまっても、人件費であることは自明なので、問題ありません。

同じ意味であれば、なるべく短いフレーズや言葉を選択するという意識が大切です。

このように文章をけずったほうが読み手にとってよりわかりやすく、心にすんなり入ってくるものなのです。

文章けずり!　ここがポイント

① 主語や述語をけずって体言止め

（例）弊社はあらゆる経費精算業務を支援します

「トータル」に言い換え

→ 経費精算のトータル業務支援

② 重複、類似表現をまとめる

（例）安心、安全、日本発のセキュアな

国産グループウェア

・安心、安全、セキュアがダブり
・日本発、国産がダブり

→ 安心の国産グループウェア

③ なるべく短い言葉に置き換える

（例）人工知能の支援によりルーティン業務に

関わる人件費を削減

・「AI」に置き換え
・「コスト」に置き換え

→ AIによるルーティン業務コストの削減

Basic rules of documentation

19

レイアウトはメリハリが命！

!

大きく見せるところを絞りこむ

フォントサイズは4つまで、余白は十分に

文字入力する上でワード、パワーポイントに共通して気をつけたいことがあります。スライドでも、ワード文書でも、文字はあまりいろいろなサイズを使わないようにしたいものです。文字サイズが大きいと、それだけ重要であることはわかるのですが、重要な度合いが細かく分かれると、混乱するだけです。

サイズのちがいはせいぜい3～4種類がいいでしょう。つまり、タイトル、見出し、本文、キャプションくらいの区別が望ましいということです。

ここで注意したいのは、**サイズのちがいをつける場合には、ある程度、大きな差をつけたほうがいい**ということ。

サイズのちがいが4種類あったとしても、文字サイズが1とか2ポイントしか変わらないのなら、一見して、どちらが重要な要素か判別ができないからです。

一番大きなタイトルが40ポイントだとすれば、見出しは30ポイント、本文は20ポイント、といった具合にスタイルごとにサイズ差をつけてメリハリのある紙面にしま

しょう。

逆に、写真やデータの補足文章である「キャプション」は、図解や写真の補足説明なので、最悪読まれなくても問題ないと割り切って、10ポイント以下でもいいかもしれません。一番大事なことは、どの順番で重要なテキストなのか一目で判断できるようにしておくことです。

どうしてもいろいろな情報を入れたくて、紙面をギュウギュウ詰めにしてしまう人がいます。しかし、**余白の少ない、細かい文字や要素が詰まった紙面は読み手に圧迫感を与え、先を読みたいというモチベーションを大きく減退させます。**

ワードやパワーポイントのアプリケーションでは、初期設定で十分な余白を取っていますす。要素が入り切らないからといって、勝手に余白をけずるのではなく、要素自体をけずる努力をしてください。

スライドやページの中でもっとも重要な要素のトップ3だけを入れればいい、くらいの気持ちで資料を作るとちょうどいいでしょう。

資料は見やすさが最重要

■フォントサイズは3〜4種類まで!

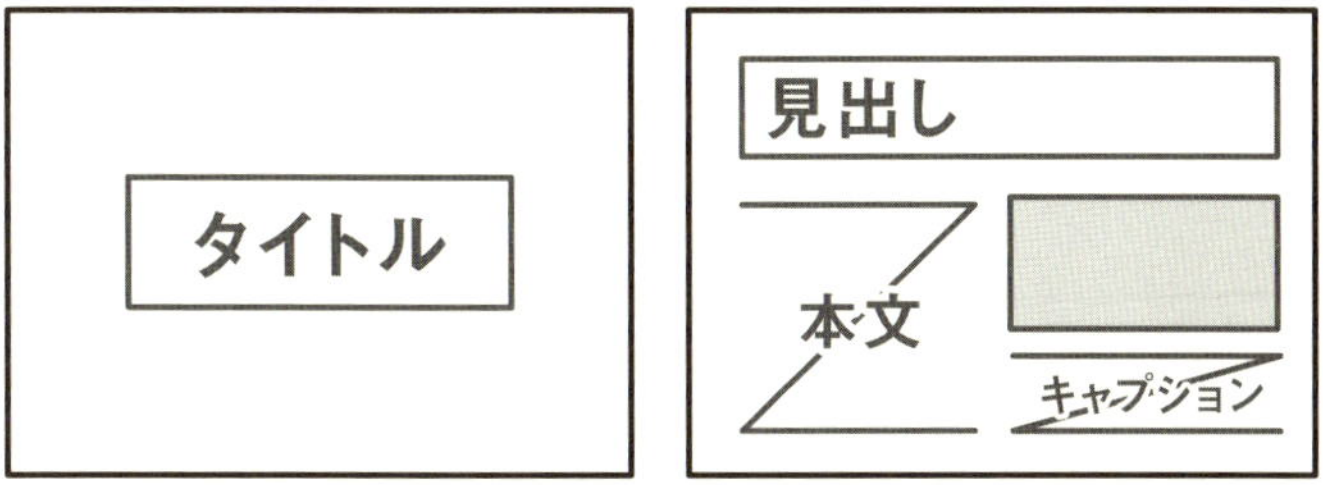

■十分に余白をとること

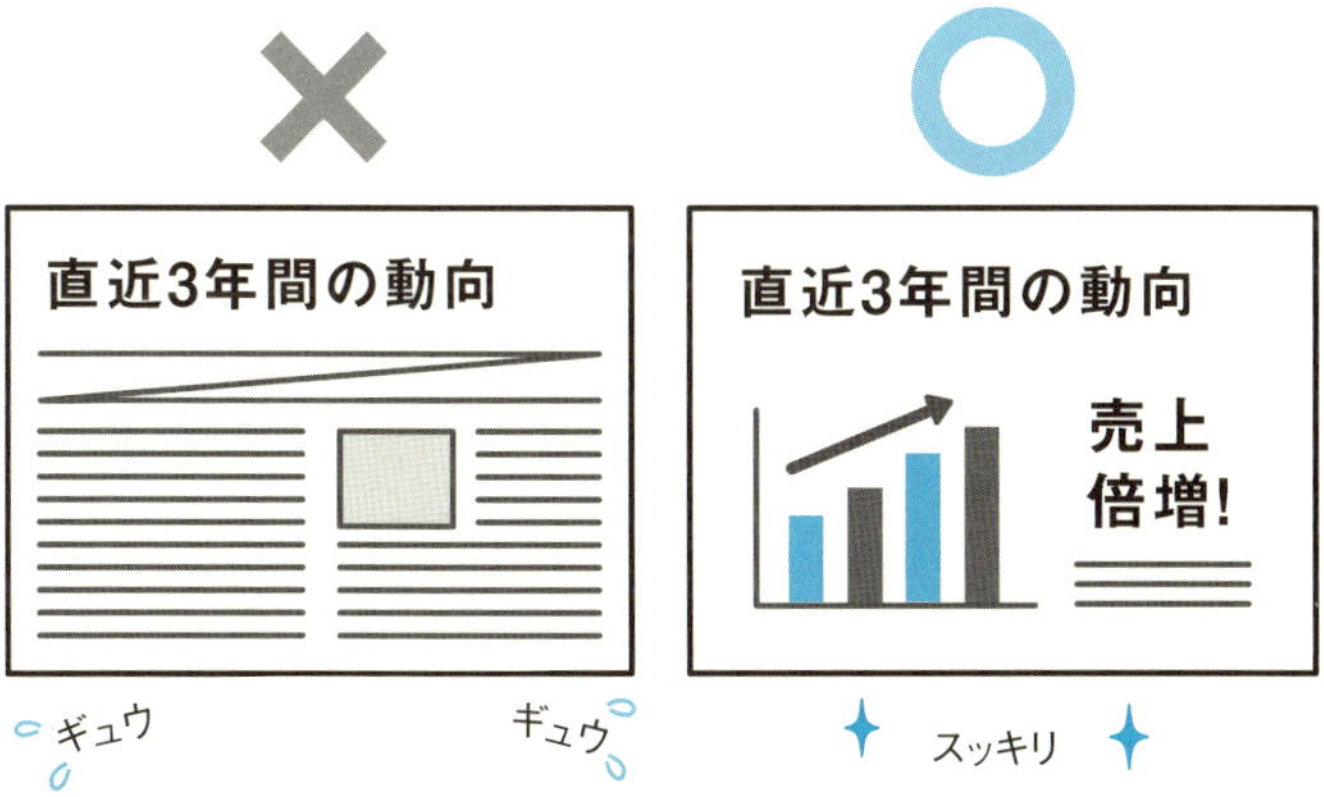

情報が入らないなら、けずる努力を

第 4 章

説得力が10倍アップする「見せ方」

Basic rules of documentation

Basic rules of documentation

20

多くの資料が驚くほど「事実」と「解釈」を混同している

!

「空・雨・傘」で思いこみを排除!

矛盾がない＝論理的ということ

説得力のある資料にしたいのであれば、論理的でなくてはなりません。論理的とは、ちゃんとした筋道が通っていて、理にかなっているということです。

ただ自分の主張を繰り返したり、自分の感情や感覚でモノを言うのではなく、それを読んだり聞いたりした人が、示された根拠から合理的に考えて、あなたの主張に納得できるという状態。それが論理的なものの考え方というものです。

ビジネスの世界では、常に感情やかたよった主観の印象に流されず、理路整然と物事を説明できるスキルが求められます。

理路整然と説明するための思考のフレームワークとして、「空・雨・傘」と呼ばれるものがあります。

空を見上げてだんだん雲行きがあやしくなってきたら、「おや、雨が降るかもしれない」と思い、傘を持って出かけるでしょう。この思考のプロセスを言い表したものです。この空と雨と傘の関係は、空を見上げると雲行きがあやしくなってきたという

「事実」から、雨が降るかもしれないと「解釈」し、その結果、傘を持っていこうという「結論」に達したということです。

ビジネスの現場では、このような**事実→解釈→結論という流れがとても大事**です。あなたが考えた分析結果がどんなに優れたものでも、事実にもとづいていないと相手に受け入れられません。また、解釈の結果、とるべき行動に筋道が通っていない場合も、相手に理解してもらえないと思います。

「サポート満足度15％ダウン」をどうとらえるか

たとえば、上司に顧客調査の報告書を提出する場合を想定します。アンケート調査で、顧客サポートに関する満足度が前年度に比べて15％も下がっていたとします。

そのとき報告書に、次のように書いたらどうでしょうか？

「サポートに不満を抱える顧客が多い」

↓「解約が増えるかもしれない」↓「新規営業に力を入れるべき」

この報告書の問題は「サポートに不満を抱える顧客が多い」というのは事実ではなく、主観的な印象でしかないということです。そのため、起こり得る解約という結果もブレる可能性があり、さらには解約という問題に対して新規営業を強化という論理も突飛なものになっていることがわかります。

事実はあくまで「サポート満足度が前年度比で15%ダウン」であり、そこから解釈できるのはサポートの「品質（回答スキル）」あるいは「人員（対応能力）」のいずれかが不足しているかもしれないということです。

その結果、とるべき妥当な結論としては、たとえば「サポート係に最近の問い合わせ内容や受け答え件数を問い合わせる」などとなるのではないでしょうか。

それは客観的な事実か？　解釈と結論に至る筋道は誰もが理解できるか？

こうした点に注意することで、資料は自然と論理的になっていくのです。

Basic rules of documentation

21

客観性を追求する MECEという基準

!

誰もが同じように分類できる軸

モレ、ダブリをなくす

また、説得力のある資料を作るにはモレ、ダブリがないことも重要です。

ある人気自動車サイトでは、車を次のように分類しています。

コンパクトカー、軽自動車、ハイブリッド、ミニバン、ハッチバック、セダン、SUV、ステーションワゴン、クーペ、オープンカー……。

するどい人はもうおわかりでしょう。そう、この分類はすでに破綻しています。

分類の軸がサイズやデザインだったり、法令上の規格だったり、エンジンタイプだったりとバラバラです。

そのため、ハイブリッドエンジンを積んだ小型クーペ、などはいくつもの分類グループに対して「ダブリ」がある状態になってしまいます。また、商用トラックなどのグループにも属さないものもありますので、「モレ」もあるということになってしまいます。

モレやダブリがあると、整理する上でムダが生じます。**誰もが同じように分類でき**

MECEとは「モレもダブリもない分類」のこと

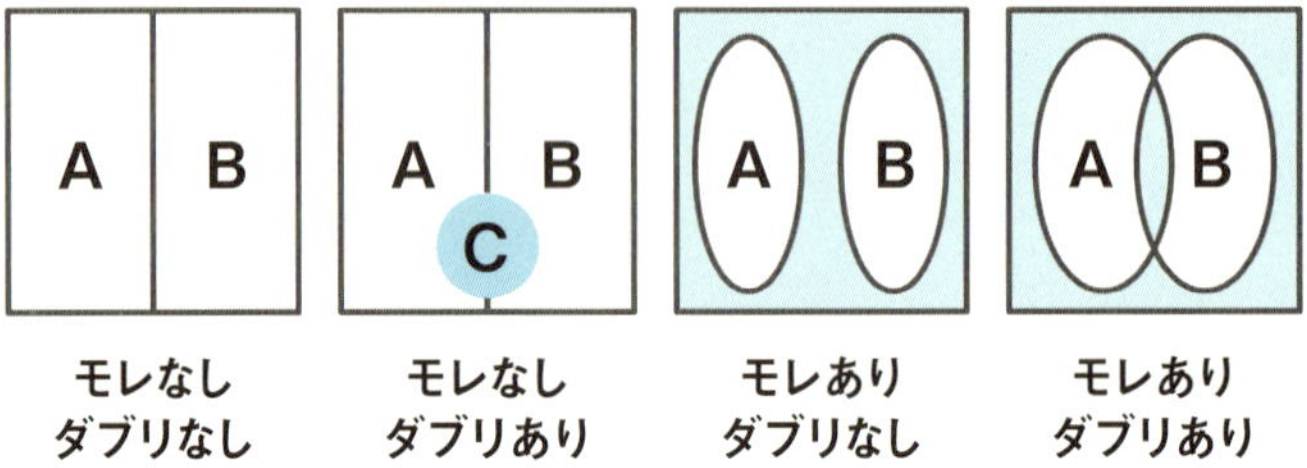

ないので、客観性にも乏しいことになってしまいます。そうした混乱やムダを取り除く上で、MECE（ミーシーまたはミッシーと読みます）という考え方が重要と言われています。

MECEとは論理学の世界で「モレもダブリもない分類」を表します。

たとえば、先の自動車の分類を考えてみましょう。

排気量や車体サイズ、車名のABC順、生産メーカーや生産国などのカテゴリーで分類すれば、1つの車は必ずどれか1つのグループに属することになり、モレなくダブリなくの状態になります。

もう1つの例として、利用者を分析した説明資料を想定してみます。

「本製品の利用者は、すべて女性。うち、ＯＬが40％、学生が30％、主婦が15％」といった場合、実はモレダブリが発生しています。

職業分類でユーザを分析すると、一見、よさそうなのですが、ＯＬでも、学生でもない、未婚の女性はどの分類にも該当しませんし、主婦だけど学生、ＯＬだけど学生というダブリも存在して、論理的に分析できているとはいえません。

ここでモレダブリがないものとは次のようなものです。

「本製品の利用者は、すべて女性。20歳未満が25％、20代が35％、30代が15％、40歳以上が25％です」

この例の場合、年齢というＭＥＣＥな軸で分類していますが、他にも、所在地、所得、既婚か未婚か、などで分類することもできます。

客観性があり、誰もが同じように分類できる軸、それがＭＥＣＥのメリットです。

Basic rules of documentation

22

常に明確な「数字」で説明する

!

数字があれば感情に引っ張られない

「最近、流行っている」の根拠は？

説得力のある資料には客観的事実が必要不可欠です。

この客観的事実に大きく寄与するのが、「数字」の記載です。

人間というのは、最近自分の体験したことに引っ張られて、全体像の把握がかたよることがよくあります。

私も、立て続けに2～3件、同じような商品をたまたま店先で発見すると、つい「どうやら○○がブレイクしているみたいだよ！」とオーバートークになってしまいます（ちなみに、こうした心理バイアスを「ハロー効果」と呼ぶそうです。気をつけたいものですね）。

仕事の話でも同じ。たとえば、立て続けに顧客がサービスを解約するという話や自社サービスへの不満を聞いたとします。

あなたは、「こんなサービスじゃダメだ、どんどんお客様が解約していくぞ」とネガティブな面に引っ張られます。

実際に、このお客様が不満を持っていることも、解約することも「事実」ですが、だからといって「サービスが危機的状況だ」「みんな、どんどんやめていく」ということには必ずしもなりません。

もし、上記の体験に引っ張られて、資料にもそのような記載があると、皆、不安になってあなたに質問すると思います。あなたは自分の体験を話して、それがあたかも全体像のように伝えることになるかもしれません。

印象と実態はちがうことのほうが多い

しかし、数字は、感情に左右されることはありません。

前述のような顧客の不満や解約問題を資料に提示するのであれば、しっかり、過去の顧客満足の調査結果や全体の顧客数に対する解約顧客数の割合（解約率）などをはじきだして、そのトレンドが明らかに増えていることをグラフなどで指し示す必要があります。

逆に、実際に数字でチェックしてみると、たしかに一定数の顧客の解約はあったとしても、そのトレンドは増加しているわけではなく、むしろ改善しているというケースもあり得るのです。

そのときの正しい説明は、「解約率は改善しているものの、いまだに解約数は一定以上あり、解約理由はサービスへの不満である」ということになるでしょう。

数字を見るときには、その計算ロジックに目を光らせましょう。うまい具合に都合のいいサンプルから出しているだけの結果も多いからです。

また、自分で資料に数字を入れる場合は、するどい人がその計算ロジックを質問してきますから、答えられるようにしておく必要があります。

自分の考えなのか、それとも客観的な事実なのか？

この問いは、ビジネス現場のあらゆるところで出てきます。自分なりに「これは自分の印象、これは事実」と分別できるようにしておきましょう。

Basic rules of documentation

23

絶対値よりパーセント。人を動かす数字の極意

!

データは直感的にわかる形に加工する

その100人は何人中の100人か

資料においては、自分の気持ちや主観ではなく、数値データをつけることによって客観性や信頼性を強調することが大事であることは、先に説明した通りです。

しかし、数字を入れればなんでもいいというものではありません。

たとえば、従業員の残業実態に関するレポートを作るときに、「毎月、深夜残業をする社員は100人以上」と書いたとします。たしかに100人という具体的な数字は入っていますが、これには「メッセージ」が入っていません。

数字を使って伝えたいことが「非常に深刻な問題」なのか、「情報共有にとどめておくこと」なのかの区別がつきません。

「全社員の70％以上が毎月深夜残業」というように、**問題の発生が全体の多数を占めるとなれば、解決すべき深刻な問題となりますが、絶対値の数字だけだと、問題としての深刻度がわからない**のです。

また、この状態はひどくなっているのか、それとも改善しているのか、トレンドがわかりません。

たとえば、**定点観測を行っていて、前回の調査に比べて20ポイント改善している、などのトレンドがわかると、現時点の絶対値だけを取り上げるよりも、次のアクションが打ちやすくなる**こともあります。

改善に寄与している施策は続行、あるいは強化したり、逆に悪化に拍車をかけていたりする原因は取り除く、改善するという方向性になるでしょう。

「売上○円」より「成長率○%」

読み手に数字の持つ意味を示すためには、①絶対値よりも割合（%）、②トレンド（時系列の変化）、③比較（他と同じ指標で比べる）が効果的です。

たとえば、いろいろな事業をしている会社の中で、ある事業の年間利益が1億円とします。絶対値だけでは、1億円が多いか少ないか判断がつきません。

しかし、利益1億円は全社の利益に占める割合の50%であるとすれば、会社の利益の半分を担う最重要事業であることがわかります。

数字はここが重要!

① 「絶対値」よりも「割合」で表現

（例）A製品の売上は1億円

→ A製品の売上は全体の利益の50％

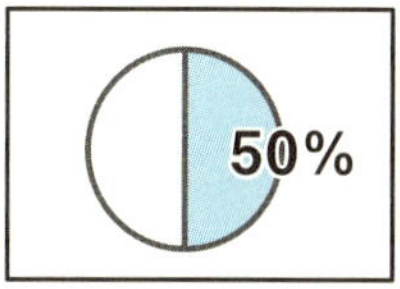

② トレンドが重要

（例）前年度より20％成長、
2年前より50％成長

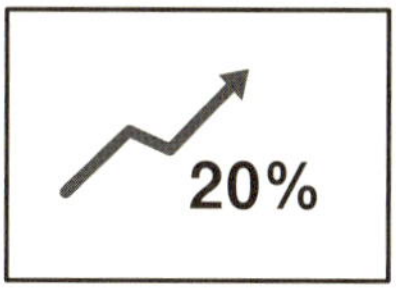

③ 比較

（例）他企業と同事業の利益を比べる

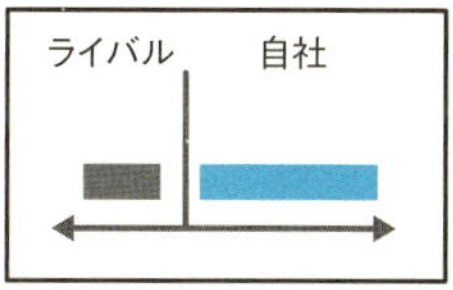

トレンドで見るとどうでしょう？　この事業は前年度に比べ20％以上の成長です。2年前に比べると50％の成長です。そうなってくると、この事業は大変成長率が高く、将来も有望で、会社の利益に大きく貢献しそうに思えます。

最後の比較というのは、他の企業と同じ指標で比べるというような場合です。たとえば、同じ事業を行っている他の企業と比べて、売上に対する利益率がどうか、成長性がどうかということを比べます。

他の企業も同様に利益率が高くて成長しているとすれば、市場自体が伸びているため自然増と考えることもできるし、他の企業は足踏みしている中、自社だけが高い利益率と成長率を誇っているとすれば、何か競合に比べてユニークな特徴や強みを持っていると想像されます。

トヨタの2016年の営業利益は2.8兆円だそうです。非常に大きい、大きすぎて、どのように参考にしたらいいのかわかりません。

そういった場合は、もっと身近なものに変換してみます。たとえば、1人あたり営業利益にするとそれは818万円です。容易に自分の会社と比べることができます。ちなみに東証上場企業において、1人あたり営業利益額のトップは日本商業開発という会社で2億円を超えています。この会社は初任給を50万円に設定して話題となりました。

えてして、大きすぎる数字というのは、実感しづらいので、もっと身近なものに変換するといいでしょう。よく目にするのは、非常に大きな面積を伝えるのに、東京ドームなど誰もが知っているものの大きさを尺度として表すパターンです。

30万坪と言われても、不動産業以外の方にはピンときませんが、東京ドーム20個分と言われれば、その規模がイメージしやすくなるでしょう。

30万坪の広さです
30万坪

東京ドーム20個分の広さです

Basic rules of documentation

24

グラフ①
棒グラフ一辺倒では
芸がない

!

伝えたいメッセージによってグラフを変える

円グラフや線グラフ、点グラフも

ビジネスにとって数字が大事なのは、先にお伝えした通りです。

しかし、複雑なデータにふくまれるメッセージを一見して相手に伝えるためには、グラフ（チャートとも呼ばれます）にして大きさや比率、トレンドを視覚的に訴えるほうが断然、効果的です。

グラフを使わずに、エクセルの表にぎっしりと数字が並んだ状態のまま、虫眼鏡が必要なほどの大きさで書かれた数字を、眉間にしわを寄せて確認しなければならないとしたら、それはひどすぎます。

とくに、経営陣などの決裁者には視力が弱くなっている人も多く、**細かい数字の羅列を見せただけで、嫌悪感を持つ人も少なくありません。**まさに、私もその1人です（汗）。

グラフにはたくさんの種類がありますが、その種類ごとに伝えるべきメッセージが変わります。

たとえば、比率を示すのにもっとも適したグラフは円グラフ（パイチャート）、時系列なトレンドを示すためには棒グラフ（コラムチャート）か線グラフ（ラインチャート）がいいでしょう。

他との比較であれば、グラフを並べて比較することもできますが、２つを比べるのであれば、１２７ページの③の図のように横棒グラフが最適です。

その他にも相関関係を示すのであれば、点グラフ（ドットチャート）、目標と実績などギャップを示すのであれば、滝が流れ落ちるようなウォーターフォールチャートが便利です。

いずれにせよ、**伝えたいメッセージによって、選択すべきグラフが変わる**ということを肝に銘じておくといいでしょう。

用途に応じてグラフを選択しよう

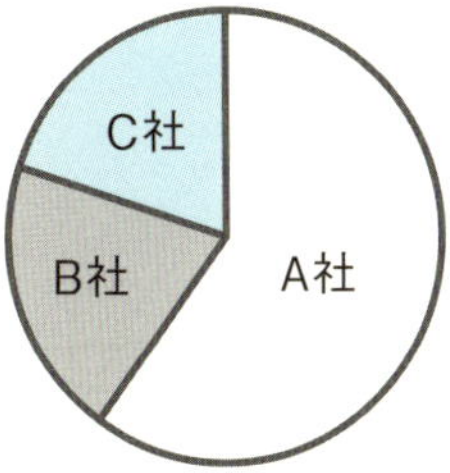

比重を示す

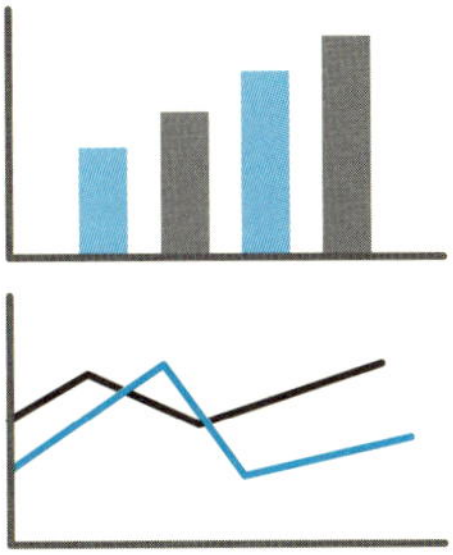

トレンドを示す

2つを比べる

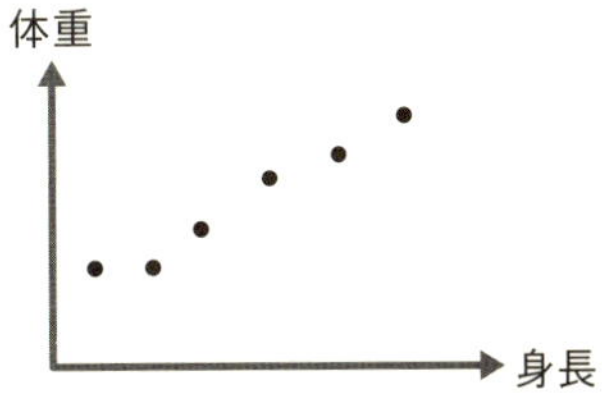

相関関係を示す

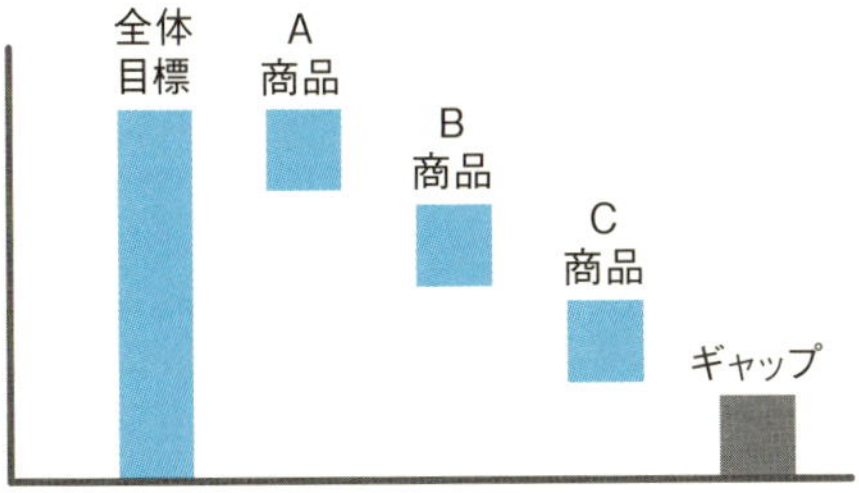

ギャップを示す

Basic rules of documentation

25

グラフ②
補助線やコメントで
強調を

!

理解をうながす工夫で
クオリティが一気に上がる

売上の右肩上がりを矢印で示す、「売上急拡大!」と吹き出し…

メッセージが伝わりやすくするためには、グラフにおけるデータを並べる順番も気を使いたいところです。

期間ごとの売上の推移を示すのであれば、普通に考えれば、古い→新しい順に並べることでしょう。顧客分析を行うときに年齢における分布を示すのであれば、10代、20代、30代と年代別に並べると見やすいです。しかし、商品別売上を示すときには、どのようにデータを並べるのがいいでしょうか? ここでは、やはり**どのようなメッセージを伝えたいか**がキーポイントとなります。

たとえば、売上上位3品で全売上の70%を占める、など売上に寄与しないお荷物商品が多数あることを示す場合には、売上順に並べるのがいいでしょう。

女性向け商品は男性向け商品の倍以上の売上があることを示すのであれば、顧客ターゲット別に分けて示すほうがいいでしょう。ここでも**伝えたいメッセージに合わせて、データの並び方も変えるべきだ**、ということは頭に入れておいてください。

また、エクセルで自動的に作成されるグラフを、そのまま完成と考えないようにしましょう。より良いグラフになるよう、読み手に、より伝わりやすくなるように、データに「補助線」や「コメント」をつけてあげるといいでしょう。

たとえば、数年間の売上トレンドが尻上がりに伸びている状態を強調したければ、棒グラフのデータ群の上に右斜に向けて伸びる矢印（↗）をつけて、「近年、売上が急拡大」などとコメントをつけます。

読み手はデータの1つひとつを吟味しなくても、補助線とコメントを見て、何を読み取ればいいのか理解できます。

このように、グラフに補助的な情報を与えることで、読み手の負担を軽減し、理解をうながすような工夫をすると、資料のクオリティはグッと上がっていきます。

私の場合は、**エクセルで作成できるグラフはベースとして利用しながらも、図として分解して、パワーポイント上で不要な情報や罫線などを削除、理解を助けるコメントや補助線をつける**ようにしています。

補助線とコメントでわかりやすさが倍増

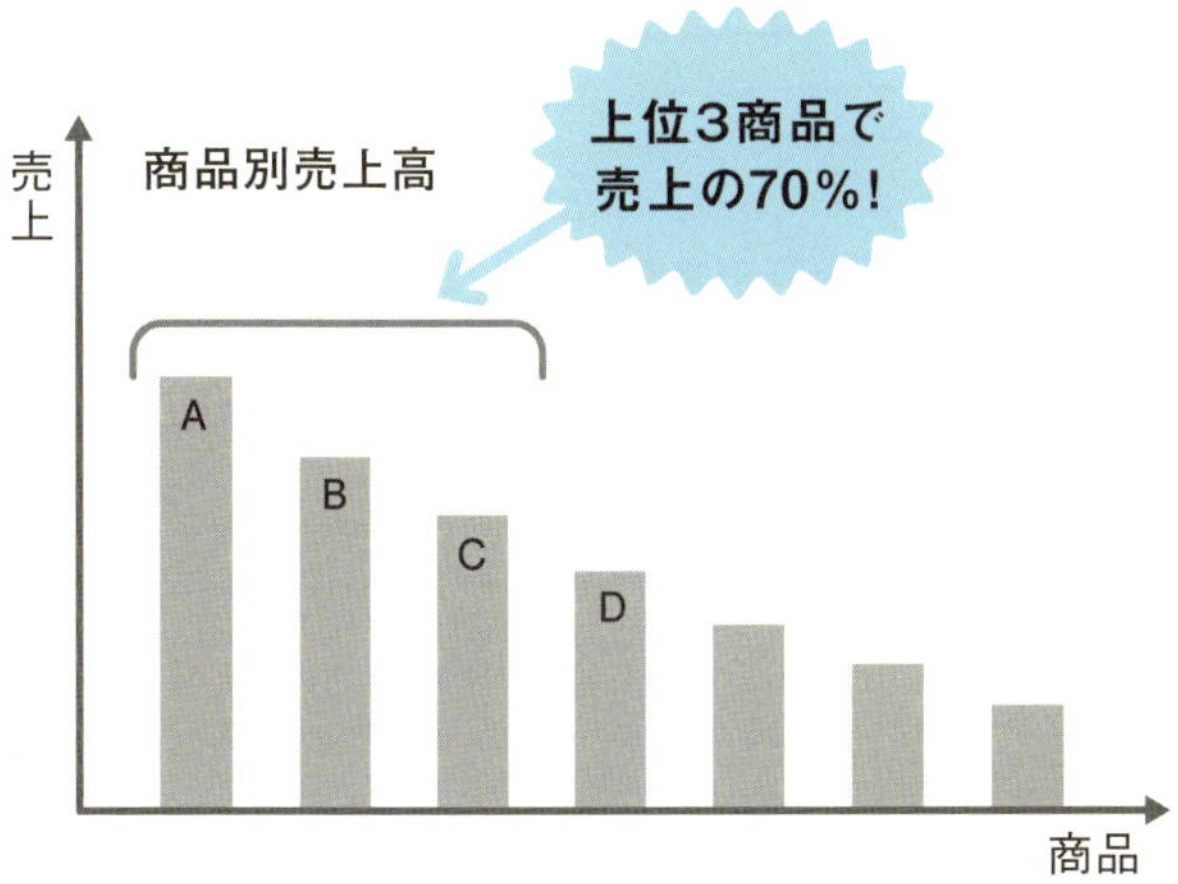

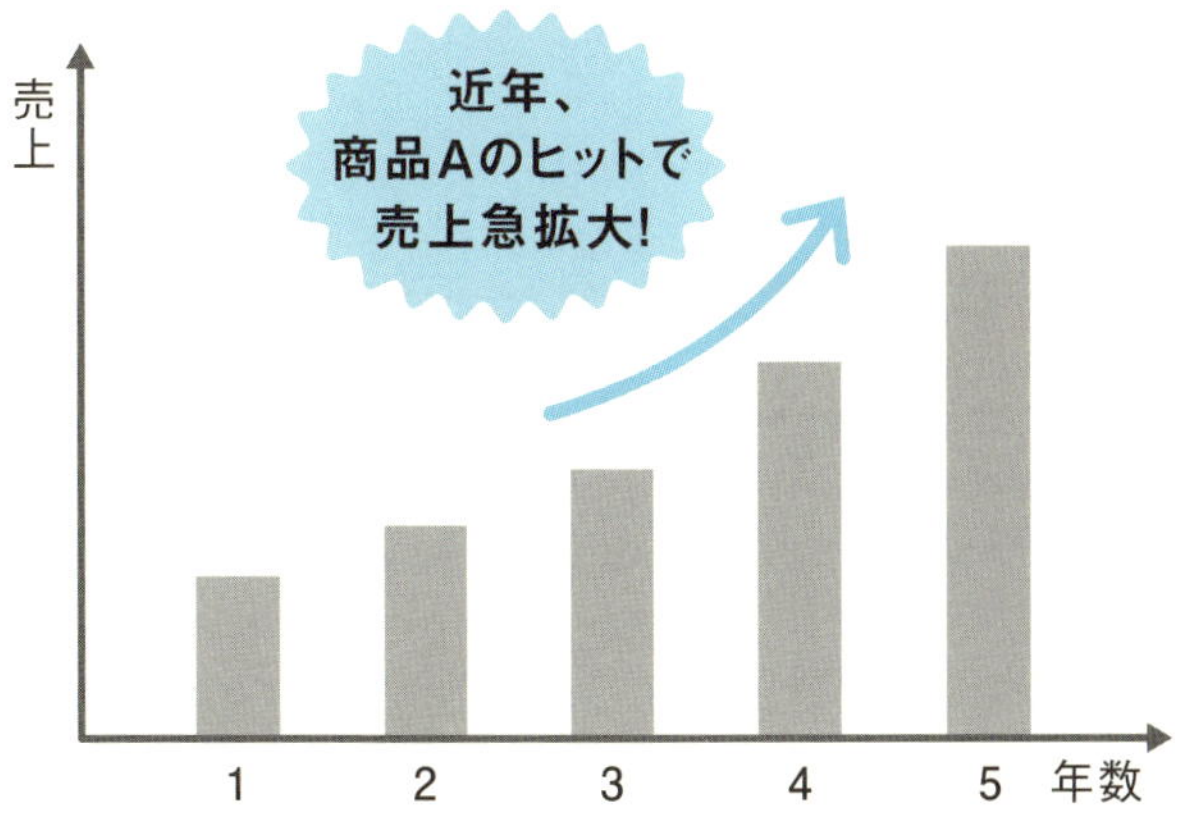

Basic rules of documentation

26

グラフ③ 細かすぎるデータは混乱するだけ

!

数字を細かくすればするほど、
論点が見えなくなる

1万円以下は切り捨て、10％以下はひとまとめに

資料はシンプルさが重要です。それはグラフにも同じことが言えます。グラフがいかに正確であろうが、ムダなデータは省くべきです。

読み手が必要としているのが大まかな数字であれば、細かい目盛りなどは不要です。財務諸表などの会計書類であれば、１円単位の正確さが求められる場合もあるかもしれませんが、営業資料や事業計画であれば百万円単位であっても問題ないでしょう。逆にコンマ数％のちがいでしのぎをけずるような数値。たとえば解約率、不良品発生率、成約率などは細かい数字をまとめてしまうと意味がなくなってしまいます。

あくまで資料の目的、読み手がどのように数字を把握するのかを考えて、数字を取り扱う必要があるでしょう。

売上トレンドを示すために、創業１００年の会社だからといって１００年分のデータを並べる必要はありません。せいぜい、過去5年で十分でしょう。１００年分のデータを並べても読み手は混乱するだけです。

細かい情報は省く、まとめる!

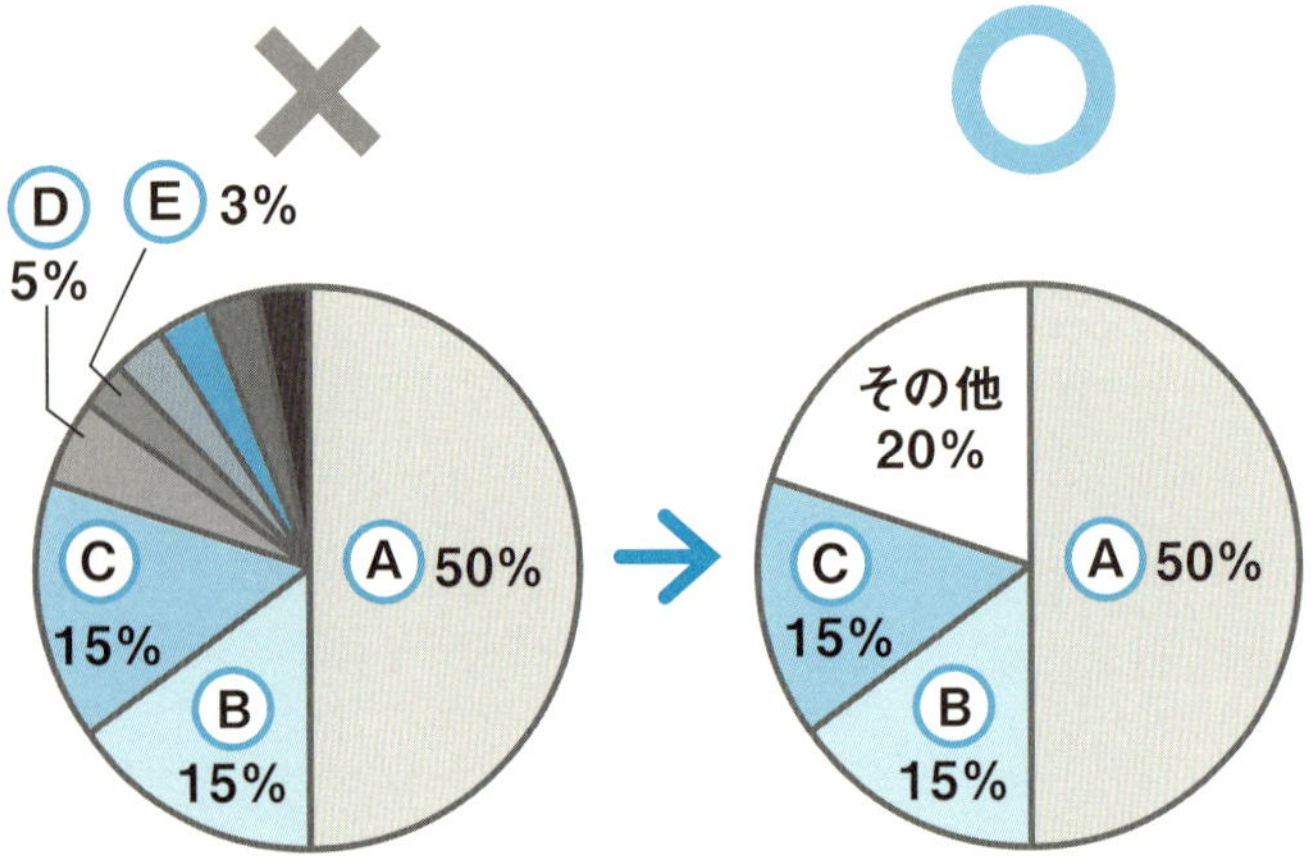

売上に占める商品別割合を示すために円グラフを使う場合も、せいぜい商品名を記載するのはシェア70%程度まで、残りはその他でまとめて問題ありません。

エクセルに入れた数字をそのままグラフにして取りこむと、不必要な細かいデータまで入れてしまうことがあるので、注意が必要です。

装飾で見にくいグラフは問題外

最近は、エクセルなどのスプレッドシートアプリケーションの標準機能として、さまざまなチャートの装飾を施すことが可能です。

その中で、とくに注意して利用しなけ

グラフで3D機能は使わない

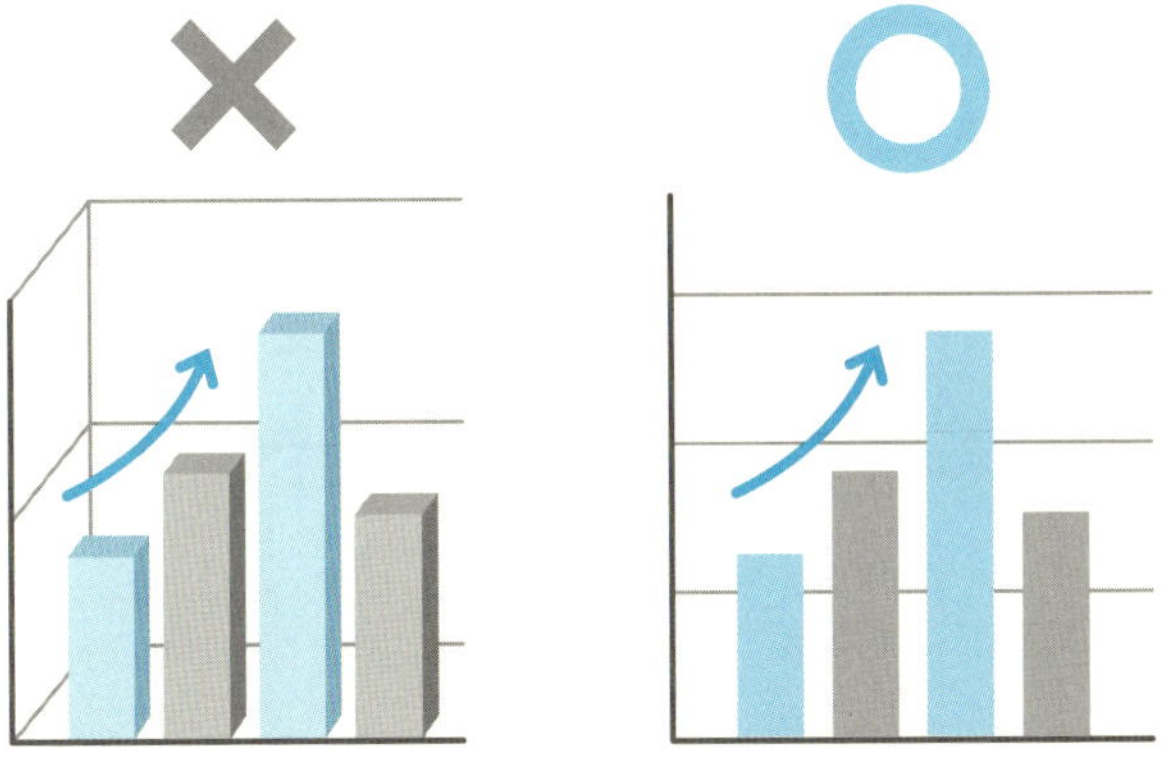

立体だと正しい数値の
大きさが伝わらない
面積や長さが
正しく伝わる！

ればならないのは、3D機能です。

3D機能は、グラフを斜め上から見下ろしたり、陰影をつけたりすることができます。見た目には大変カッコいいのですが、はっきり言って、「百害あって一利なし」の機能です。

なぜかと言えば、そもそもチャートの重要な目的は数字を視覚的に、体感できるものにするということがあります。そのためには、正しく数値データを長さ、面積、位置といった図形のボリューム情報に変換する必要があります。

だから、正面から見て、ずらしたり、パースをかけたりするのは、御法度なのです。

Basic rules of documentation

27

マトリックス、フロー図…図解で資料が一気に輝く

!

図解スキルを磨いて、
読む資料から魅せる資料へ

図解スキルは最強のビジネススキルの1つ

説得力のある資料を作ろうとして、説明に不足がないよう、文章を長々と書いてしまう人がよくいます。これは資料としてはNGです。

資料は読ませるものではなく、見せるもの。読み手は常に短時間で理解しやすい資料を望んでいます。**人間の認知能力は文字ベースよりも空間・イメージベースのほうが何倍も処理速度が速いため、なるべく資料は視覚に訴えるものにすべきです。**そんなときに威力を発揮するのが、図解力です。

たとえば、業務フローを示すのであれば、手順をいちいち文章化するより、手順名を線で囲み、それらを矢印でつないであげる「フロー図（流れ図）」がわかりやすいです。

また、いくつかの選択肢から1つ選ぶ場合は、すべての選択肢をマトリックスにしてメリット・デメリットを比較する表（「プロコンリスト」と呼びます）を作ればいいでしょう。

文字よりも図解のほうがわかりやすい!

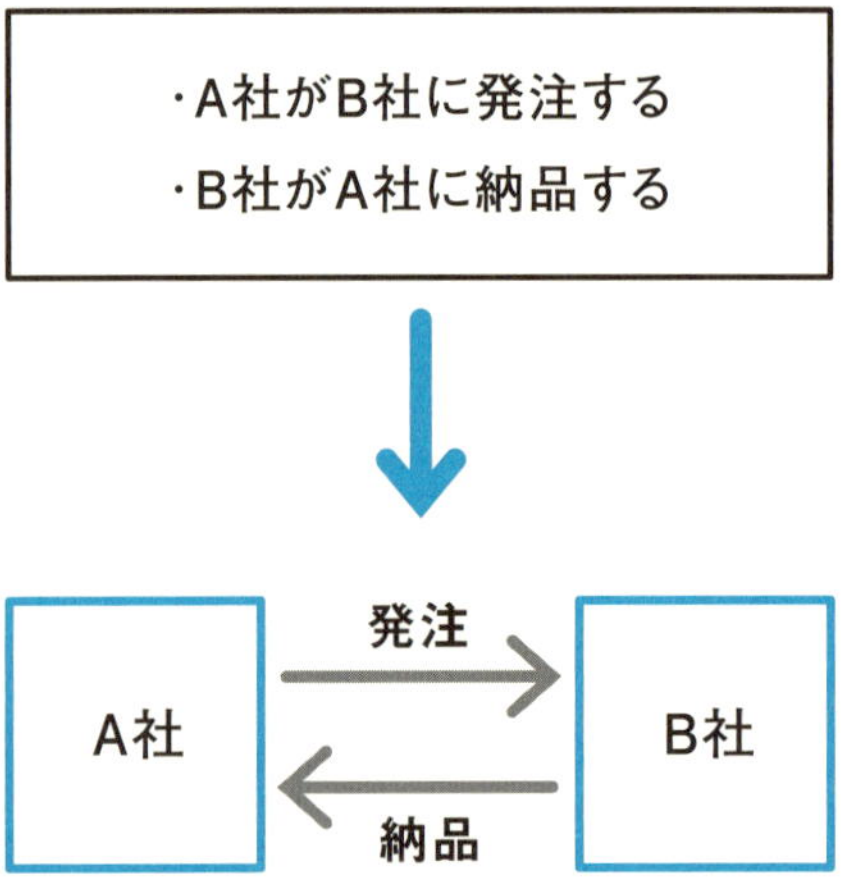

文章から頭の中で情報を整理したり、比較したりすることは難しいため、頭に入れる前に図にしておくというわけです。

私はこれを「図解思考」と称して、図による情報整理やメモのしかたを10年近くレクチャーしてきました。

はじめから「どうやったら図にできるか」という意識で情報を見渡す習慣が身につくと、自ずと必要な情報とゴミ情報の区別がつきやすくなり、情報の分類を通して、自然とロジカルシンキングも身につきます。

図解の種類

図解にはさまざまなパターンがありま

す。マトリックス、フロー図、サイクル図、サテライト図、ツリー図などです。ガントチャートのようにマトリックスとフロー図が組み合わさったパターンもあります。どの図解を選ぶかは、グラフと同様で、目的に合わせて選びます。

・複数の選択肢を比較したい↓　マトリックス
・仕事の流れや手順を示す↓　フロー図
・PDCAのように何度も繰り返すような活動↓　サイクル図
・あるテーマで重要な構成要素を示す↓　サテライト図
・上位から下位までの階層的な分類を示す↓　ツリー図

テーマと利用する図が決まれば、後はデータを入れるだけです。

図解でありがちなミスは、データを整理するためにどのような図が適当かを考えがちであるということです。

データをどのように見せたい、その目的から適切な図をチョイスし、図の空欄を埋めていくという手順で考えれば、もっと情報の見える化はスムーズです。これはグラフの種類を選択するときも同様です。

10マスのマトリックスや10階層のツリーは本末転倒

図解を使うメリットは、情報をわかりやすく分類することにあります。図にすること自体は、目的ではなく手段です。

だから図にしたのはいいものの、縦・横10マスのマトリックスにしたり、詳細をつめていきすぎて、ツリーが10階層になったりするのは本末転倒です。マトリックスであれば、縦・横2〜3マス（合計4〜9セル）、ツリーの階層であれば、2〜4階層もあれば十分でしょう。

ひとえに人間の思考は常にシンプルかつ筋道の通ったものを好みます。**選択肢が多すぎると人間は思考を停止し、それを遠ざける傾向がある**のです。数としては3〜5くらいに分類できるようにするということを意識して、図を使ってみてください。

目的から図を選んで作成してみよう

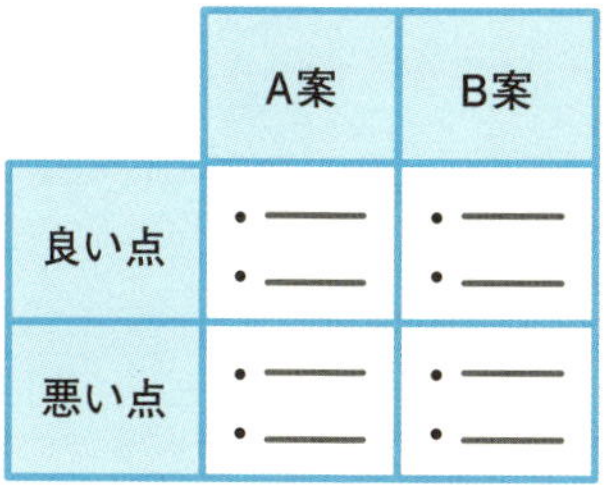

マトリックスで比較

フロー図で流れを示す

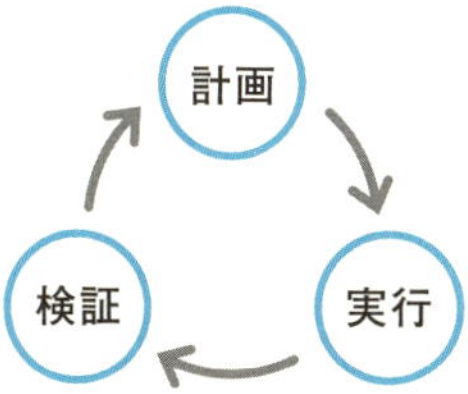

サイクル図で
循環する流れを示す

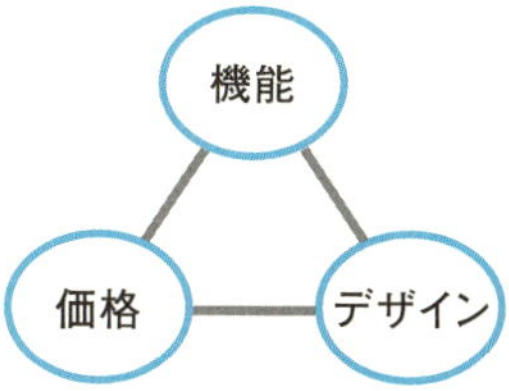

サテライト図で
大事な要素を示す

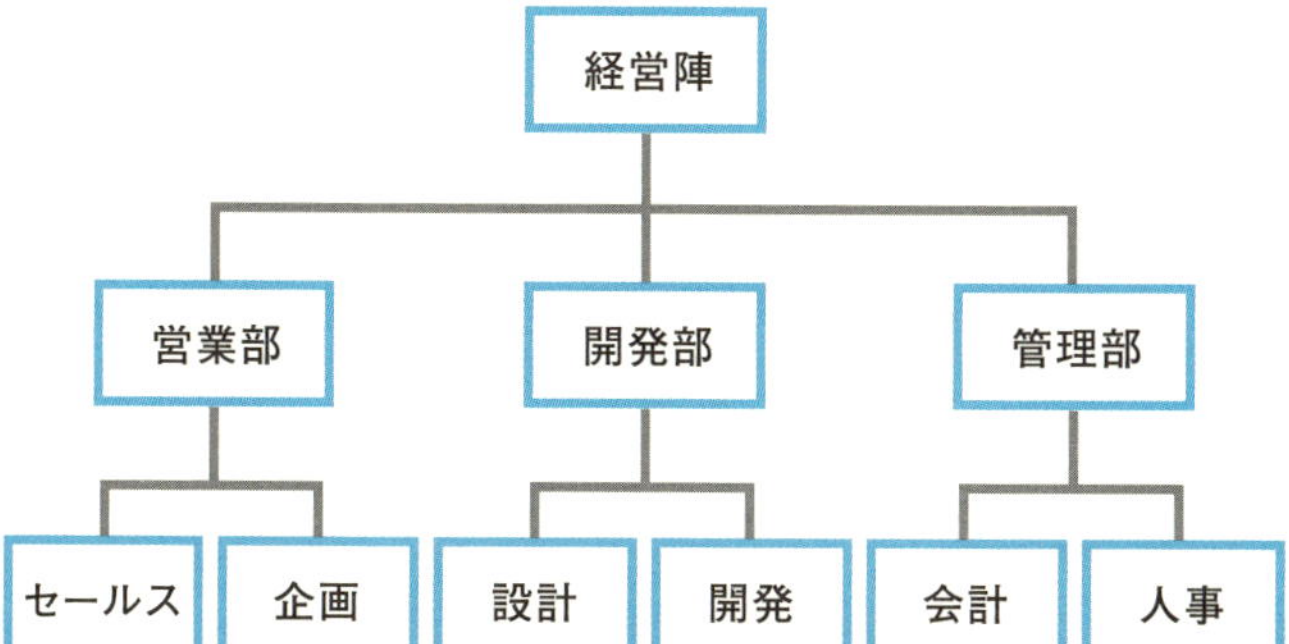

ツリー図で階層構造を示す

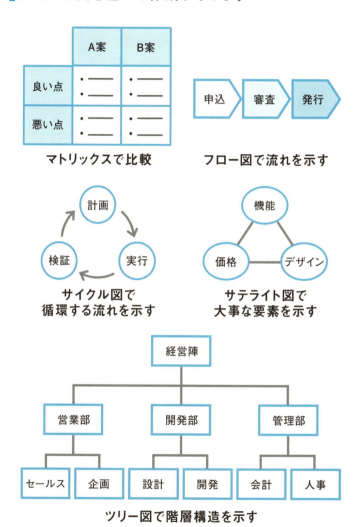

Basic rules of documentation

28

使いこなせるフレームワークを増やす

!

プロも利用する
「情報の整理箱」を資料で活用!

資料のビジュアル化がうまくなる

情報分類に図解を使う場合に、既存のフレームワークを活用するという手もあります。フレームワークとは、世界中の経営学者やコンサルティング会社が開発した、問題解決のためのテンプレート図です。

身近なところでは次のようなものがあります。

・PDCA（サイクル図の一種）

↓仕事の進め方など、改善活動に使用。PDCAとはPlan（計画）、Do（行動）、Check（評価）、Action（改善）の頭文字を並べたもの

・SWOT分析（マトリックスの一種）

↓経営、事業戦略などについて、強みや弱みをもとに戦略を立てる。SWOTとは、Strengths(強み)、Weaknesses(弱み)、Opportunities(機会)、Threats(脅威)の頭文字を並べたもの

・3C分析（サテライト図の一種）
↓
事業を自社、顧客、競合の3つの視点から考えること。3CとはCustomer（顧客）、Company（自社）、Competitor（競合）の頭文字を示したもの

みなさんも実際に使ったことはないかもしれませんが、どこかで聞いたことがあるものもあるでしょう。

フレームワークは実に多くの種類があります。

私の書いた本『知的生産力が劇的に高まる最強フレームワーク100』（SBクリエイティブ）には100種類収録されていますが、別に100本覚える必要はありません。**仕事で使う数本を何度も実際に使ってみることが大事です。**

フレームワークは使えば必ず答えが出るというものではありません。

ただ、情報を整理するときに図を使う場合、目的に応じて便利なテンプレートが用

フレームワークを使いこなそう

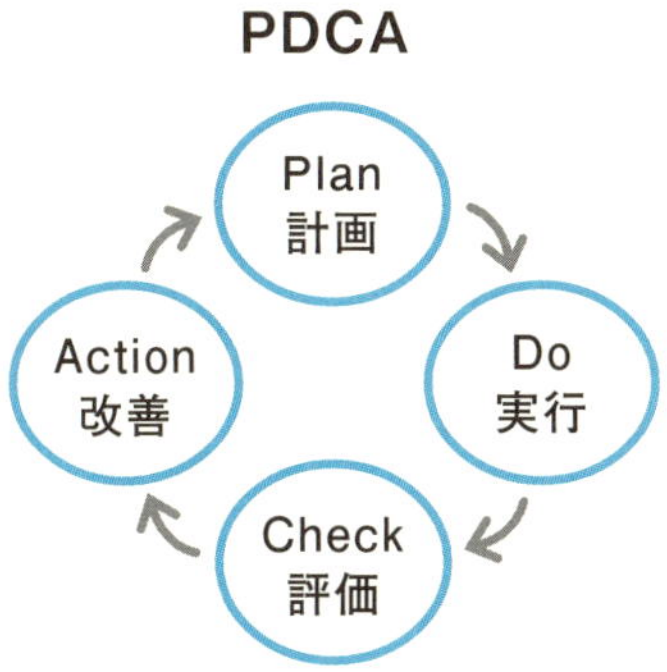

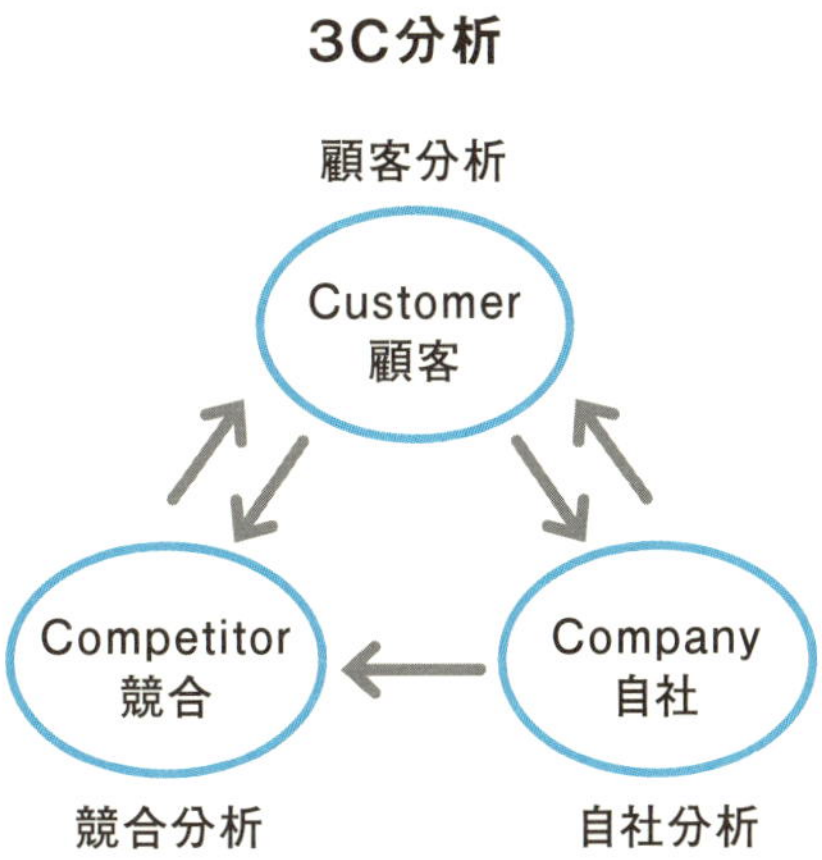

型を覚えれば表現できる幅も広がる

意されているくらいの気軽な気持ちでやればいいと思います。

どのように図で整理するか、もちろん、論理的に考えてもいいのですが、もともと人間の脳はグラフィックや空間の処理（パターン認識と言われるものです）に優れています。そのため、手順を追って図を考えるよりも、頭の引き出しに図のパターンをインプットしておくほうが、手っ取り早いでしょう。

そのために一番効果的なのは、第1章でもお伝えした通り、日頃から優れた図解の撮りだめをしておくことです。

チョイスの際に**「そういえば、あのパターンが使えるかも！」**とひらめくようになるはずです。

第 5 章

ワード、パワポで いざ作ってみよう!

Basic rules of documentation

Basic rules of documentation

29

ワード資料、ここをおさえれば完ぺき！

!

フォントの大きさ、並び順…
メリハリに気をつける

タイトルまわりは形式にのっとる

資料作成の場合、多くがワードあるいはパワーポイントになるでしょう。ここではワード文書の作り方についてご説明します。

ワードの場合、パワーポイントに比べると、それほどレイアウトに凝る必要はありません。ワードを起動すると、アプリケーションが自動的に白紙のレイアウトを作成してくれます。

レイアウト的には十分、余白も行間も取ってあるので、さほど読みづらさは感じません。ただし、**資料は手紙ではないので、このフォーマットでダラダラと文章を書くのはNG**です。

パワーポイントでは、タイトル、ボディコピー、画像やグラフを入れるところが分割されていますが、ワードでは上からベタにすべての要素が入るので、意識的にメリハリのある文書にする心がけが必要です。そのためのポイントは次の通りです。

まず、タイトル周りについてです。**文書の頭には、相手先、日付、文書のタイトル、**

タイトルはフォントの大きさ、太さで目立たせる

○年○月○日

営業部各位

情報システム部
田中（内線：1234）
tanaka@XXX.com

見積もりシステム変更の件

↓

本文へ

文書の作成者の4つの要素が入ります。通常、相手先は左寄せ、日付と文書作成者は右寄せ、タイトルはセンター合わせです。

　タイトルは他の要素と区別できるよう、フォントサイズを大きくし、目立たせるように太字にしたり、ゴシック体など書体を変えてもいいでしょう。

　社内会議の資料などで、読み手が明らかな場合は、相手先の情報は不要です。その代わりに、会議のアジェンダ、議事録などは出席者名を入れ、どこで開催されたのか（開催場所：○△社会議室Bなど）場所の情報を入れるよう

にしましょう。

ちなみにワードで「ヘッダ」というと、文書の上の余白部分を指します。ワードのヘッダはマイページごとに印刷されますので、複数のページにまたがる資料の場合は、ヘッダにタイトルまわりの情報を入れないほうがいいでしょう。

本文はブロックの切れ目がよくわかるように

次に、本文のレイアウトについてご説明します。

タイトルの下には本文がきます。本文部分は、文字量が多くなりますので、しっかりと、ブロックがどこで切れるのか見てわかるようにしたいものです。

具体的には、小見出しをつけ、文字サイズを大きくしたり、太字にします。また、**小見出しは長い文章ではなく、なるべく1行におさまるように箇条書きにするなどの工夫も必要です。**

文頭には、「・」や「◆」などの記号か、数字などを入れて、項目数がすぐにわかるようにしたほうがいいでしょう。分割されたブロックがわかるように、小見出しの下の箇条書きは、インデント（文字下がり）を入れるとさらにいいでしょう。

その他には、現在の課題、解決方法の提示、実施方法などはブロックの切れ目がわかるように、しっかり枠線を用いて境界を明確にするか、ブロックの間の余白を十分とって、切れ目が自ずとわかるような工夫が必要です。


また、本文部分に画像やグラフを入れることもあると思います。

その場合は、なるべく、画像やグラフの幅、あるいは画像やグラフとその説明文のブロックの幅が、ワードの文章エリアの幅におさまるようにします。

画像やグラフの大きさが文書全体から見たときに大きすぎたり、小さすぎないように気をつけましょう。


最後に文末です。文末では、文書がどこで終わるのか、明示しましょう。「以上」などと文末に右揃えで入れることが多いです。

また、複数ページにまたがる文書の場合は、フッタ部分にページ番号が入るようにします。フッタとは、ワードの下の余白部分のことです。一度設定しておけば、常に利用できますので、便利な機能です。

文末は「以上」で締めて、「終わり感」を出す

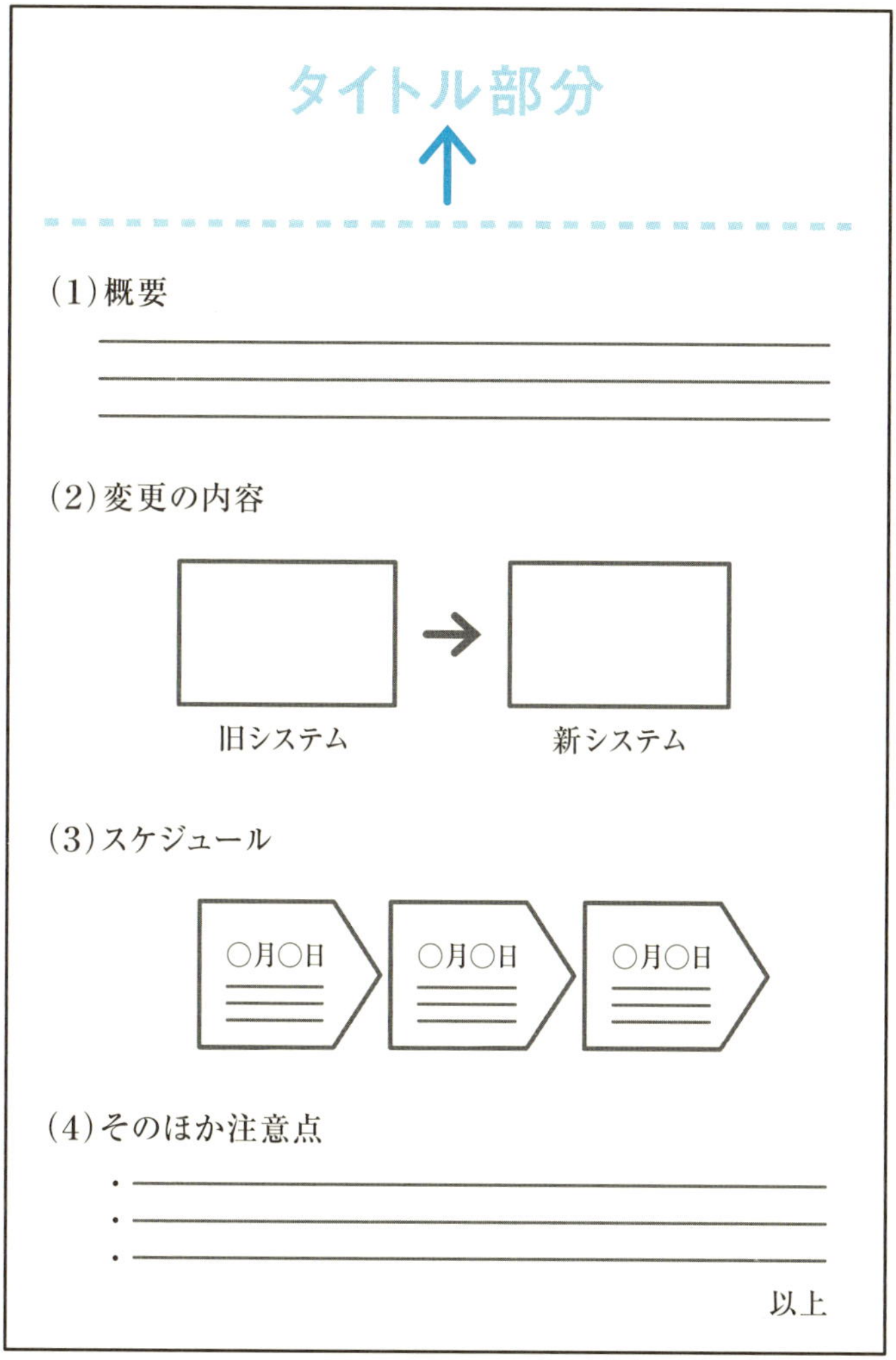

Basic rules of documentation

30

報告書は「5W2H」でまとめれば間違いない

!

時系列に並べると
より信頼度アップ!

システムトラブルによるサービス障害の例

さて、ここでは、システムを提供している会社（ＩＴ系の会社にとどまらず、現在は多くの企業がサービスをオンラインシステムなどを通じて提供しているはずです）において、大規模なシステムトラブルが発生したということを想定して、その報告書を作ってみましょう。

会社は信頼が第一です。

しかし、ニュースや新聞を見ていて、企業の不祥事を見ない日はないというくらい、毎日大小さまざまな事件が発生しています。

いかに栄華を誇った大きな会社であっても、１つの事件の処理をミスしたために、会社が大きく衰退したり、最悪の場合には存続が危うくなったりします。

けれども、その一方で事件自体の発生を完全におさえることはできません。どのような人間だってミスや失敗はあり、それは企業においても同じです。

問題は、事件そのものではなく、その対応方法です。

対応方法のいかんによっては、事件や事故がかえって、その企業の信頼につながることもあります。「ピンチはチャンス」という言葉がありますが、問題が発生したときはまさに対応いかんでピンチをチャンスにすることができます。

事件や事故の場合は、対応スピードが命です。また、発生している事実をモレなく、客観的に説明することも重要です。とくに、発生した事象については、時系列を意識するようにしましょう。

「十分注意します」では足りない。改善案で誠意を

単にシステム障害だと何の部分かわからないので、タイトルには最低限、どのサービス、どの製品における問題なのかを入れたほうがいいでしょう。

また、概要には発生日時、発生した内容の概要とともに、利用者や関係者に迷惑や心配をかけたことへのお詫びを必ず明記するようにしましょう。

事故の場合は、包み隠さず、なるべく詳細で客観的な情報を心がけましょう。ミスを隠すように取りつくろうと、後からそのことがバレて、よけいに心証を悪くするこ

タイトルと概要の例

○年○月○日

お客様各位

株式会社○×サービス

弊社Webサイトのシステム障害についてのご報告

○年○月○日に弊社○○サイトにおいて商品購入ができない問題が発生いたしました。ご利用の皆様におかれまして、ご迷惑をおかけいたしましたこと、深くお詫び申し上げます。

本書にて障害内容と経緯、原因、再発防止策について報告させて頂きます。

とが少なくありません。

また、詳細でモレのない情報を入れるために常に5W2Hを心がけましょう。「誰が」「いつ」「どこで」「何が原因で」「どの程度」といったことを頭で反芻しながら情報をまとめるといいと思います。**とくに発生に関する情報は、時間経過に合わせて、「○時○分に○○が起こった」ことを淡々と記載するのがいいでしょう。**

また、専門的な内容の場合に、専門用語を使いすぎると利用者に対して煙に巻いたような印象が残ります。なるべく平易に、専門用語を使う場合はその言葉の意味を補うなどの工夫をして、理解しやすい報告書を心がけます。

重要なのは、信頼です。

そのため、原因に対しての一時対応（緊急対応として実施した内容、とりいそぎ復旧させるために行ったことなど）と、根本的な対応（再発防止、今後のリスクを低減するための施策）の両方を明記することが重要です。

とくに再発防止策については、「十分注意します」などのアバウトな対応では納得しない利用者が多いものです。「いつまでに」「具体的に何をするのか」をしっかり記載しましょう。

Webサイトのシステム障害についての報告例

○年○月○日

お客様各位

株式会社○×サービス

弊社のWebサイトのシステム障害についてのご報告

○年○月○日に弊社○○サイトにおいて商品購入ができない問題が発生いたしました。ご利用の皆様におかれまして、ご迷惑をおかけいたしましたこと、深くお詫び申し上げます。本書にて障害内容と経緯、原因、再発防止策について報告させて頂きます。

(1)障害内容

・障害日時 ← **分単位で。開始と終了を明記**

・障害対象 ← **問題が発生した対象者を明記**

・障害内容 ← **具体的に、どのサービスが使えなかったのか詳細を明記**

(2)発生原因

・○○○における○○○の不具合 ← **利用者にわかりやすく翻訳**

(3)対応

・○○○の不具合を修正し、復旧 ← **サービスの正常化をアピール**

(4)障害発生から復旧までの時系列経緯

○時○分　お客様からのお問い合わせでトラブルを認識

○時○分　○○の不具合であることを確認

○時○分　お客様にお知らせ

○時○分　○○に○○の不具合修正を依頼

○時○分　○○の不具合が解消され、復旧を確認

○時○分　お客様に復旧のお知らせ通知

(5)再発防止策

・○月○日までに、その他の不具合がないかを全点検

・○月末までに不具合の早期発見に向けて、検知システムを構築

以上

Basic rules of documentation

31

パワポのプレゼン資料は「左上」が最重要位置

!

一番大事なことを
ファーストビューにおさめる

視線の動きに合わせた効果的なレイアウト

資料のレイアウトを考えるときに、もっとも重要なことは、読み手の視点がどのように動くのかということです。

人間の視点は普通に文章を読むときにそうであるように、横書きであれば左から右、縦書きであれば上から下というように動きます。

そのため、ページ全体で考えるときには、左上を起点に、右下に向かって視点が動いていくと考えればいいでしょう。

一番大事な要素は視点の始まり、すなわちファーストビューにおさまっているのが理想なので、タイトルのような重要な要素は、なるべく左上にレイアウトさせるべきです。

もちろん、タイトルをセンター合わせでレイアウトするケースも考えられます。ワードの場合はセンター合わせが主流で、パワーポイントでも時折見かけます。

それでも、タイトルの頭の部分が、必ず全体の左上のエリアに入っているかどうかをチェックしたいものです。

パワーポイントでは1枚のスライドには1つの項目になっているはずです。しかし、ケースバイケースでスライド内でブロックを分けたほうがいい場合もあります。

たとえば3つの課題、4つの営業チャネルなど要素の数が明確な場合です。

この場合も、ブロック間に区切り線を入れる、十分な余白を入れる、そして番号を振るなどして、独立したブロックであることがわかりやすいような工夫を凝らしましょう。

そしてブロックの並べ方は、特別な意図がない限り、2分割と3分割は横レイアウト、4分割は縦横2分割で4ブロックに分けるのがいいでしょう。

見やすい資料はレイアウトも「読者目線」

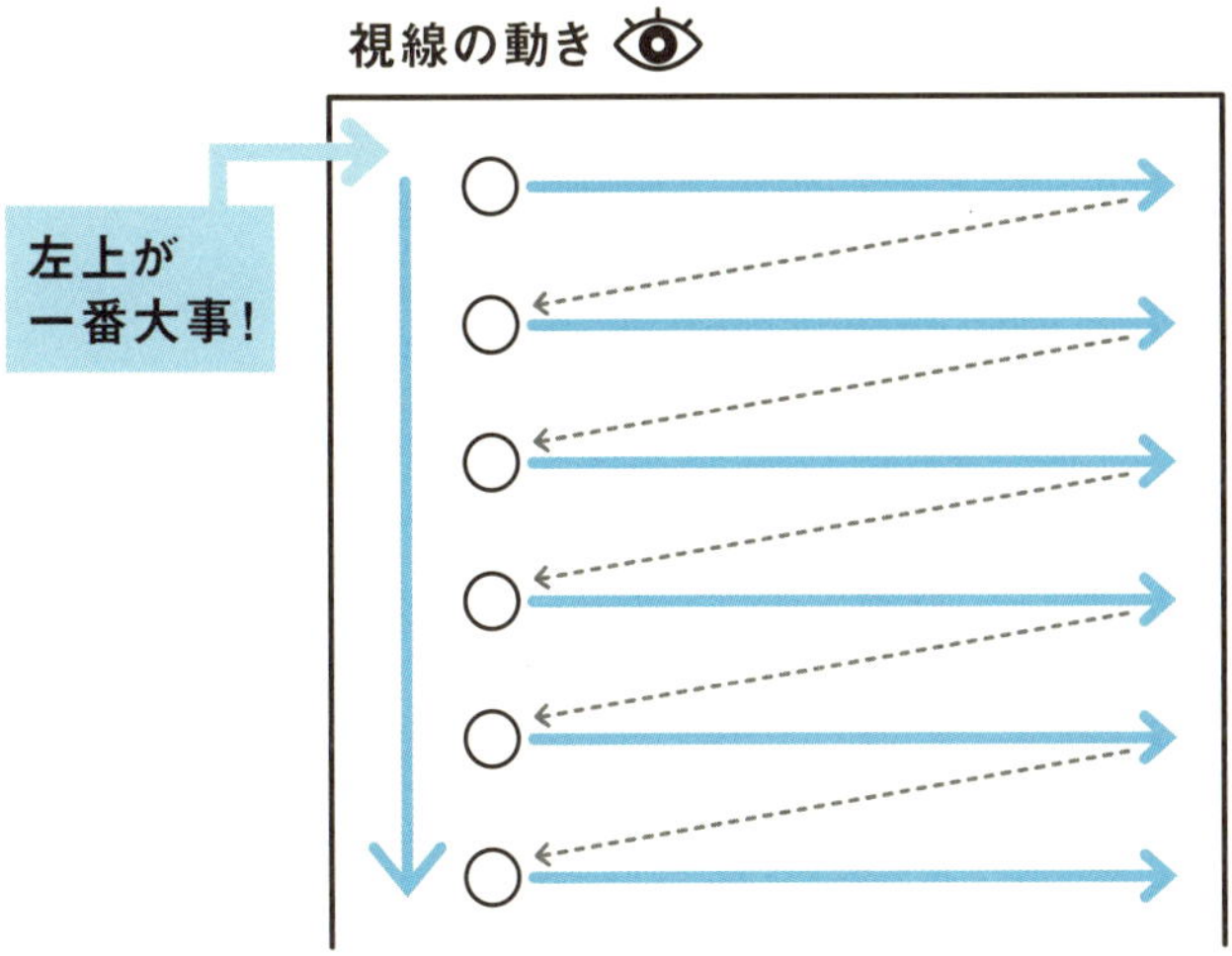

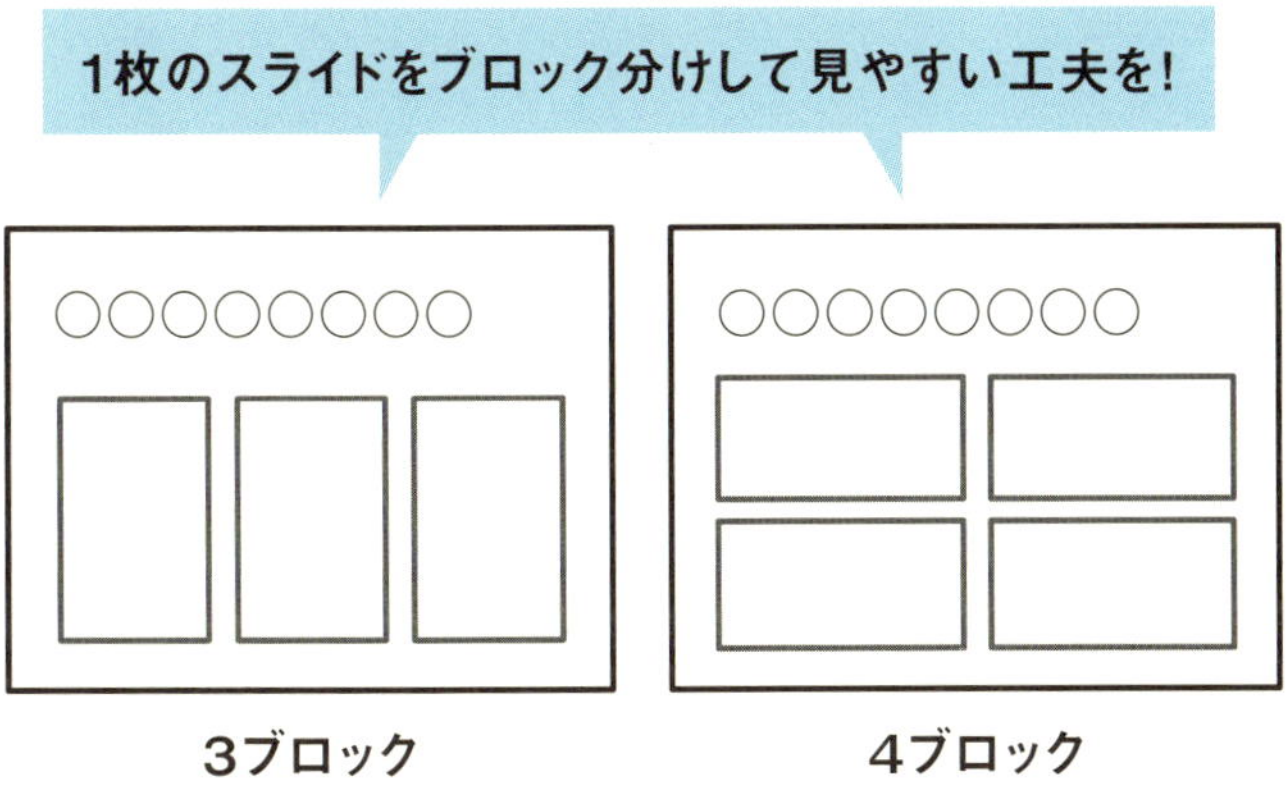

Basic rules of documentation

32

提案型プレゼンはデメリットもちゃんと伝えて信頼性アップ

!

「うまい話だけで裏がある」
と勘ぐられないように注意

残業削減のためのフレックスタイム制導入の例

ここでは、9〜18時の固定時間労働からフレックスタイム制に働き方を変えるという、大きな社内ルールの変更を題材としたいと思います。フレックスタイム制とは、決められた労働時間の範囲内であれば、働く人自身で始業と終業を決められるというものです（ちなみに、うちの会社も採用しています）。

最近は、よく過重労働による労働災害やブラック企業というキーワードがメディアに取り沙汰されていますね。日本企業独特のサービス残業に支えられてきた生産性は、大きな転換期に入っています。

残業を減らしたり、社員個人ごとの事情に合わせたりと、多様な働き方へのニーズが高まっているといえるでしょう。

そんな中で働き方のルール変更も、多くの企業で検討されていることと思います。働き方の変更というのは社員個人にとっても、会社にとっても大きな決断です。しっかり、メリットを伝えていきたいものです。

社内制度の変更と言えども、やはり、それによってどのような効果が期待できるのかがもっとも重要です。概要にはその点をしっかり明記するようにしましょう。

（タイトルと概要の例）
フレックスタイム制導入による生産性の向上
概要：現在の固定労働制を廃止し、フレックスタイム制を導入することで、残業の軽減、社員の満足度向上を図る

経営陣を納得させられるか

フレックスタイム制は、1日の労働時間を勤務すべきコアタイムと、自由に出社や退社時間を決められるフレキシブルタイムに分けて、個人の裁量で決められるものなので、業務の状況や個人の事情などに合わせることが容易です。

結果的にムダな残業を減らし、全体の生産性を高めることができ、ラッシュを避ける、家族の看護や介護をしながら働けるなど、従業員満足度の向上につながります。

こうしたメリットを現在の労働制度の課題と比較しながら、しっかり書きます。

今回はテーマが労働時間のルール変更ですから、現行制度と新制度のちがい、メリットとデメリットなどをしっかり伝えておきましょう。

メリットだけでデメリットがないと、「うまい話だけで裏がある」と逆に勘ぐられることもあります。デメリットも一緒に伝え、その解決方法なども補足することで、信頼性の高い資料にすることができます。

また、フレックスタイム制はその言葉の通り、柔軟性に富んだ働き方ができますが、その分、制度が少し複雑です。

コアタイムやフレキシブルタイムなどの関係を図で示して、どこの範囲が個人の裁量に任せられるのか、何を守らないといけないのかなどを見える化するようにしましょう。

(3)当社におけるフレックスタイム制のルール

月間総労働時間…◯時間

標準労働時間…◯〜◯時

コアタイム…◯〜◯時

フレキシブルタイム…◯〜◯時(出勤)、◯〜◯時(退社)

1日の労働時間のモデル図を示す

(4)導入までの流れ

◯月◯日　役員会決議

◯月◯日　労使協定締結

◯月◯日　社員への制度説明会開催

◯月◯日　人事システム切り替え

◯月◯日　フォローアップ会議

(5)FAQ　**最大5つくらい、簡潔に回答**

・◯はできるのか?・◯の場合はどうなるのか?

・◯の計算方法は?・◯との違いは?・◯◯について

以上

フレックスタイム制導入の提案例（ワード文書の場合）

平成○○年○○月○○日

関係者各位

人事部

残業削減のためフレックスタイム制導入の提案

現在の固定労働制を廃止し、フレックスタイム制を導入することで、残業の軽減、社員の満足度向上を図ります。

(1)現在の固定労働時間制の課題

・無駄な残業時間の発生 ← **数字で具体的な事例を**

・多様な価値観への対応遅れ ← **社員からの要望など**

・従業員満足度と退職率の悪化 ← **数字と理由を示す**

(2)フレックスタイム制導入による課題解決 ← **すべて課題の裏返し**

・フレックスタイム制とは ← **言葉の定義、現在とのちがい**

・導入メリット(1)残業代削減 ← **予測できる効果を数字で**

・導入メリット(2)従業員満足度と定着率の向上

・導入メリット(3)コンプライアンス違反防止

※コンプライアンスとは企業がきちんと法令を守って運営すること。法令により残業時間や労働時間は定められており、それを超えると違反になる。

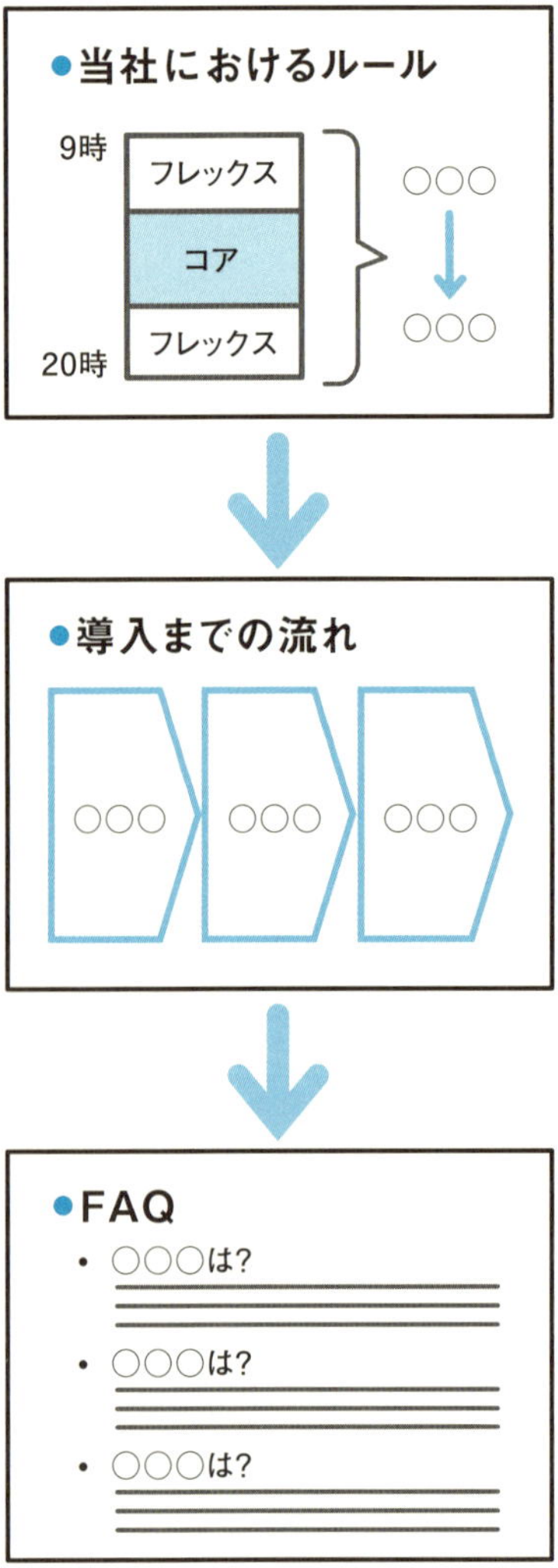

④詳細説明

・モデル図などで関係性やしくみをわかりやすく

⑤スケジュール

・主なプロセスの日付などを示す

・必要な手続きをわかりやすく

⑥よくある質問

・一問一答形式で短く答える

・3つぐらいあれば十分

フレックスタイム制導入の提案例（スライドの場合）

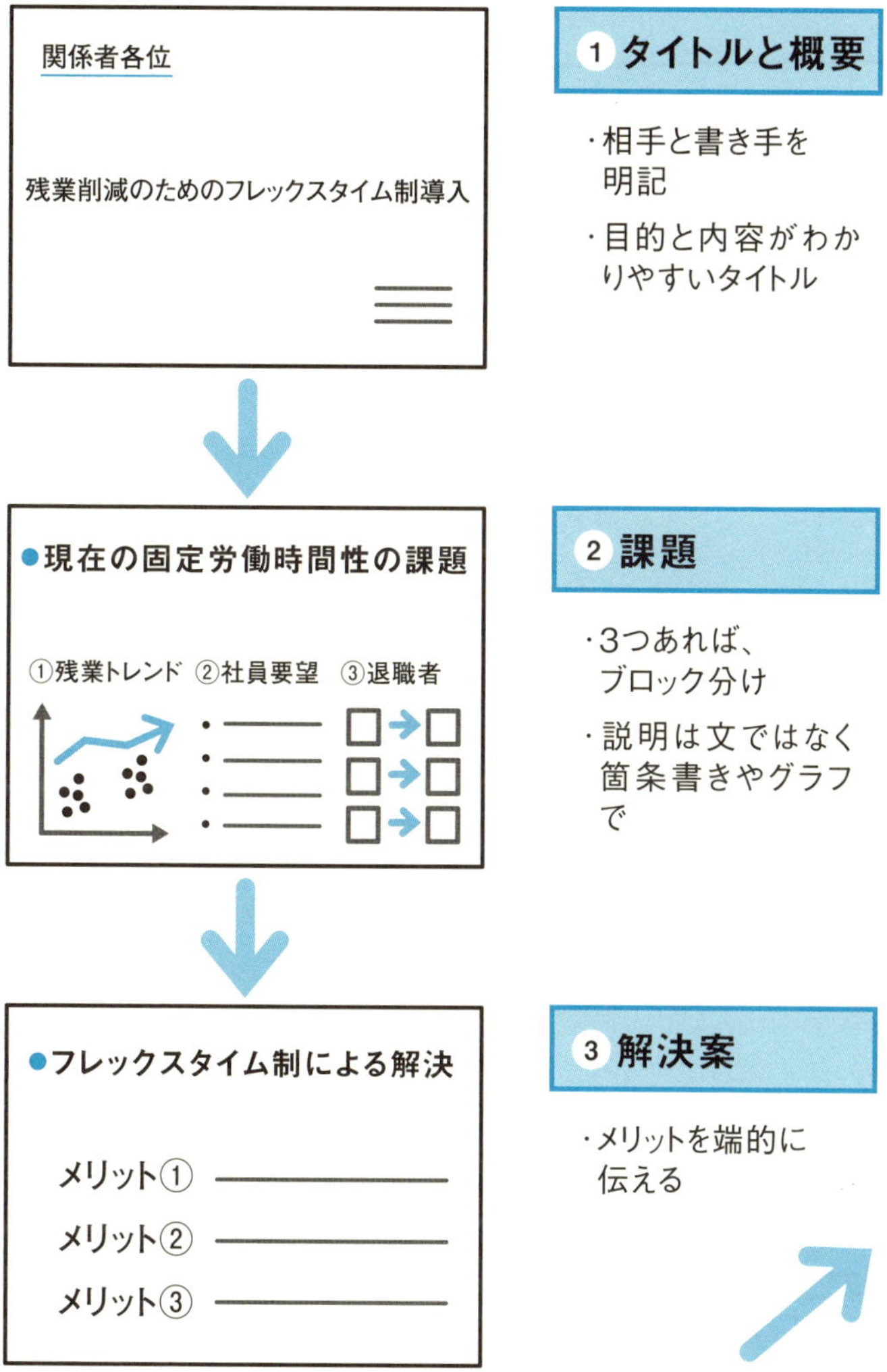
関係者各位
残業削減のためのフレックスタイム制導入
1 タイトルと概要
・相手と書き手を明記
・目的と内容がわかりやすいタイトル
●現在の固定労働時間性の課題
①残業トレンド
②社員要望
③退職者
2 課題
・3つあれば、ブロック分け
・説明は文ではなく箇条書きやグラフで
●フレックスタイム制による解決
メリット①
メリット②
メリット③
3 解決案
・メリットを端的に伝える

Basic rules of documentation

33

スライドはどんなに多くても10枚以内が鉄則

!

詳細説明は後でもいい。ポイントだけ集約

リアル店舗有名菓子店のECサイト提案の例

顧客へのプレゼン資料を作ってみましょう。一口にプレゼン資料といっても、いろいろな営業があると思いますが、ここでは、有名な老舗のお菓子屋さんに対してネット通販でお菓子を販売する新しい事業の提案を行うと仮定します。

プレゼン資料は、提案先の顧客、販売する商品やサービス内容などによって見た目は大きく異なりますが、根幹となる部分は同じです。それは、**提案内容が顧客における課題解決になっていなければならない**ということです。

プレゼンの提案というのは、単に商品やサービスの押し売りであってはいけません。そんな提案は顧客に受け入れられることはありません。良いプレゼンとは、顧客のニーズ（何が問題で、何を欲しているのか）をしっかり理解して、顧客の立場で提案内容を吟味することです。

ポイントは、**現在の課題とあるべき姿を明確にして、目指す方向性を共有する**ことです。

タイトルと概要の例

○○菓子店御中

○○株式会社

ネット通販サイトによる事業拡大のご提案

人気ラインナップの通販サイトを構築し、ブランドの全国展開、売上の大幅拡大を目指します。

細かい情報は巻末に

提案型の資料では、「課題を抱えた現在」「あるべき姿」という2つの対比、ギャップを示すことが大事です。もっと平たく言えば、ダイエットで言うところのBeforeとAfterを見せることです。

現在の課題を明確にし、提案内容を実行すれば課題が解決され、あるべき姿になれるというシナリオが基本パターンです。

今回ははじめからパワーポイントのスライドで作成することを念頭に、目次＝スライドのタイトルを意識して目次立てしてみます。

１８３ページの目次の通りに作成すると、タイトルもふくめて10枚以内のスライドになります。

詳細情報、サイトのイメージなども入れていくと、すぐにスライド枚数が増えてしまいます。スライド数が多くなると全体の印象も漫然としてしまい、メッセージ性が薄くなります。

細かい情報は巻末の添付資料にして、必要な人だけがチェックできるようなページ立てにしたり、サイトの詳細はむしろデザイン案をデモとして見せながら説明するなど、スライド資料にすべての情報を集約しないようにしましょう。

スライド6

■サイトの特徴

・スマートフォンで使いやすいシンプルなUI

・人気商品がお得な価格で購入、即発送

・会員特典によるリピートユーザーの確保

スライド7

金額が大きい場合はかならず、その内訳を明記

■予算

・初期構築　○○○万円

・運用コスト　○○万円(月額)

スライド8

■導入スケジュール

概要であればフロー図を利用

スライド数が10枚以上にならないよう気をつける

目次の例

スライド1

■課題(1)得意客に偏った販売と売上の減少 ← おおまかなトレンドを示す

スライド2

■課題(2)出店や店舗運営などのコスト増 ← (1)と同様

スライド3

■課題(3)遠方注文の機会損失 ← ヒアリングで数字や根拠

スライド4

■通販サイト販売による課題解決

・全国展開によるブランド力向上

・販売エリアとユーザー層が広がり、販売増

・無店舗、注文と発送の自動化によるコスト減

スライド5

■完成イメージ

↑ 仮のサイトやデザインなどを入れ、リアリティを演出

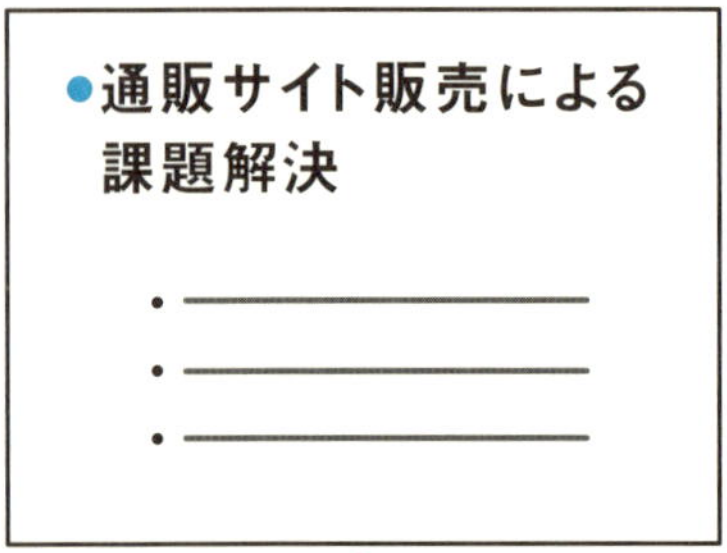

④ 課題解決

・実施のメリットを端的に

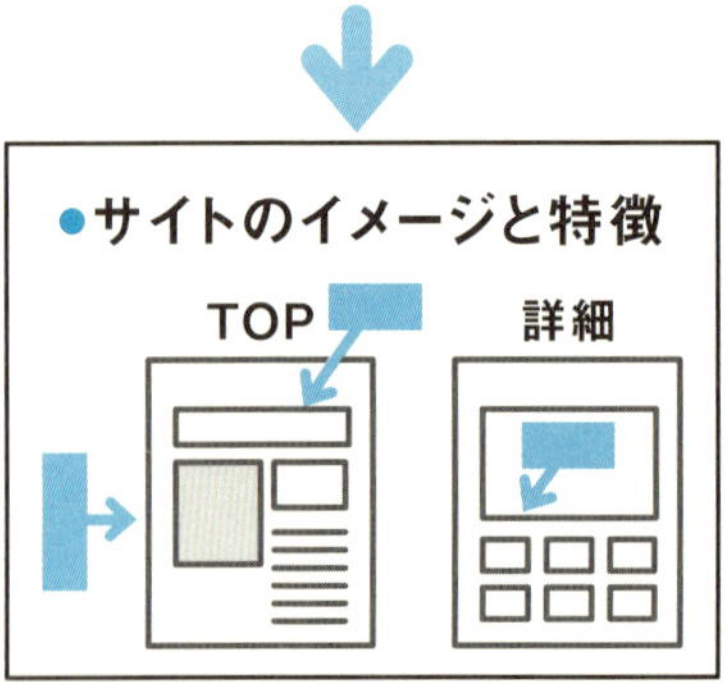

⑤ 解決案の詳細

・イメージに対して特徴やメリットを引き出し線で

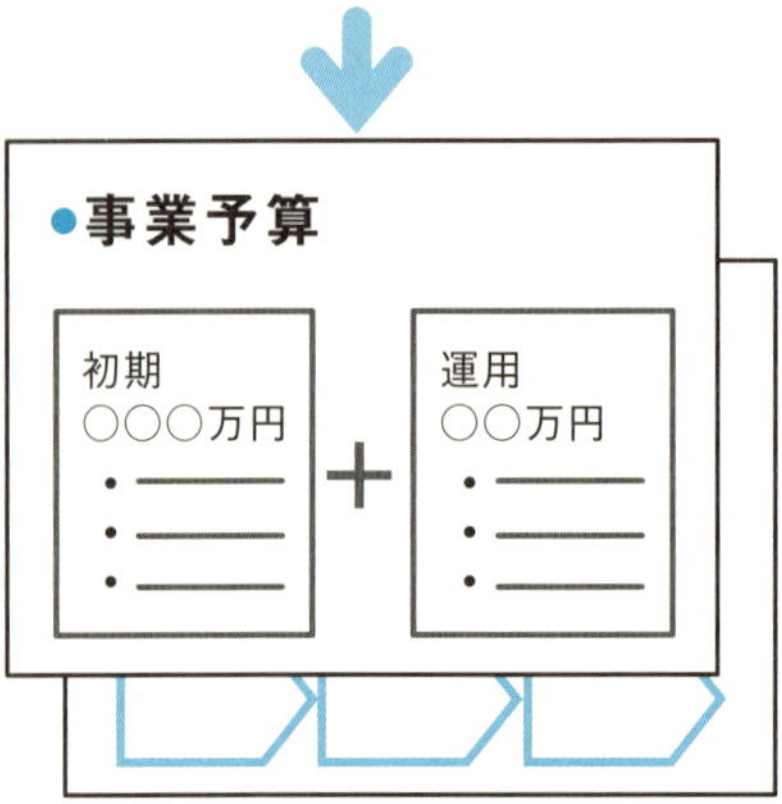

⑥ コスト、スケジュール

・実施に必要な費用や期間を提示

・グループごとにブロックやプロセスを分ける

ネット通販サイトの提案例（スライドの場合）

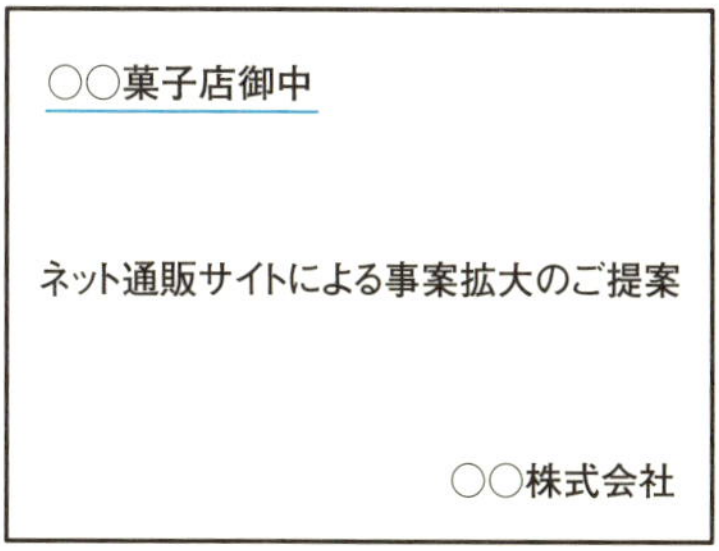

1 タイトルページ

- 相手先と作成者を明記
- タイトルは目的と内容が短くわかりやすいもの

2 概要

- 提案のサマリー
- 細かい情報は後回しでOK

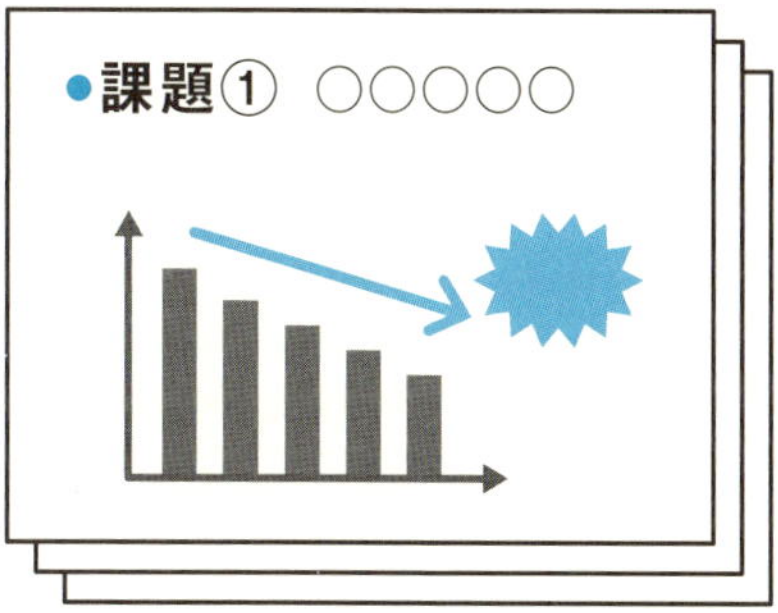

3 課題

- 問題となる数字を見える化
- ポイントとなる部分は補助線やコメント

Basic rules of documentation

34

業績報告書はグラフで数字の動きを一目瞭然に

!

目標の達成・未達成や
商品売上のトレンドをグラフにする

役員会での事業の進捗と課題の報告の例

会社において役員会や経営会議とは、もっとも重要な意思決定機関です。取締役や事業部長などが列席して、会社の持っている事業がうまくいっているのか、そうでなければどんな課題を持つのか、どのように解決していくのかを話し合います。こうした会議の資料を取締役自身が作る場合もありますが、たいていは所轄部署に依頼して、資料を準備させておくことが一般的です。

重要な会議に出す資料ですから、気が抜けませんし、経営陣に自分の仕事ぶりを見せる大切な機会でもあります。しっかり作って、自分をアピールしておきたいものですね。

会社において事業というものは無計画に進められることはなく、どのような小さな事業でも必ず「事業計画」というものを事前に作ってスタートします。

事業計画には通常、どの月でいくら売上が上がり、いくら費用がかかるのか、ＰＬ（損益計算書）が計画されています。

そして、実際にスタートすれば実績が出ていますので、事業を評価する上でもっとも重要なタスクは「予実管理」（予算に対して実績がどの程度なのかをマネジメントすること）となります。

予実管理は、業種によって異なりますが、日、週、月、四半期、年という単位で行います。一般的な企業であれば、月、四半期、年で管理すれば十分でしょう。

予算と実績を数字でマトリックスにまとめると、読む人はみけんにシワを寄せて細かい文字を追わなくてはなりません。

また、差異があるかどうか、上昇や下降といった大きなトレンドが伝わりづらいので、極力、月別、四半期別など時系列の棒グラフなどで表現するのがいいでしょう。

計画と実績という2つの数字を月や四半期などごとに示すのであれば、色を変えた2つの棒グラフのセットで見せるのが定石です。

2つの棒グラフの高さを見ることで、達成・未達成もわかりますし、その高さの推移を見ることで、予算がどのようなトレンドで作られているのかも一目瞭然です。

予算と実績を時系列の棒グラフで表現

予実管理を行うと、目標の数字に対する達成率、差異を知ることになります。差異が大きい場合は、「なぜ達成できなかったのか?」「なぜハイ達成できたのか?」、その原因や理由をコメントするとよりわかりやすい資料になります。

具体的には、達成率は実績グラフの上に、ギャップとなった理由などは引き出し線などでコメントを入れるようにすればいいでしょう。**なるべくグラフの値とコメントは近いほうが、理解しやすくなります。**

また、事業が複数の製品やサービスで構成されている場合は、それぞれがどのようなトレンドなのか示します。数が多い場合は、棒グラフではなく線グラフで示します。それによって、どの製品の売上が増えてきているのか、逆に調子が悪くなってきた製品は何かなどがわかりやすくなります。

複数製品のトレンドを線グラフで示すときに、交差する場合があります。そうなると、どの線がどの製品か混乱してしまうので、モノクロの文書であれば線の種類で差をつける、カラー文書であれば線色で差をつけるなど、区別しやすい工夫が必要です。

事業の数値報告とともに、レポートしたほうがいいのは、トピックスと課題です。

トピックスは報告すべき期間において、とくに目立った動き、重要な意思決定、新商品のリリースや宣伝活動、イベントなどです。

必ずしも、好ましいものだけをピックアップすればいいのではなく、事業に影響を与えるであろう、その重要性の視点で選ぶようにしたいものです。

数が多すぎると散漫になるので、3つ~5つくらいを記載すれば十分だと思います。

また、事業の目標が未達成になっている原因や、運営上のリスクなど構造的な課題を持っている場合などは、そうした課題を数字報告と合わせて報告するといいでしょう。役員会などはもっとも重要な意思決定機関ですから、こういった根本的な問題、リスク、改善すべきポイントなどを討議するにはうってつけの場です。

タイトルと概要の例

◎◎年度○○事業の進捗と課題

(1) ○○年度　○○事業の予算と実績

・売上グラフ

月単位など時系列グラフにて予算と実績をペアで並べる

・達成率

実績のグラフ上には予算に対する達成率を表記する

・特記事項

ギャップの大きな月には、引き出し線などでその理由をコメント追記する

(2) ○○事業　サービス別売上推移

トピックなので、重要なものだけにしぼりこむ

(3) ○○年度　事業トピック

・○○○○○が大型受注!

・○月に新製品○○○を市場投入!

・○○○社とのコラボによるプロモーションなど

(4) ○○事業の課題

トピックスと課題の記載で議論がはずむ

棒グラフと線グラフを使い分けよう

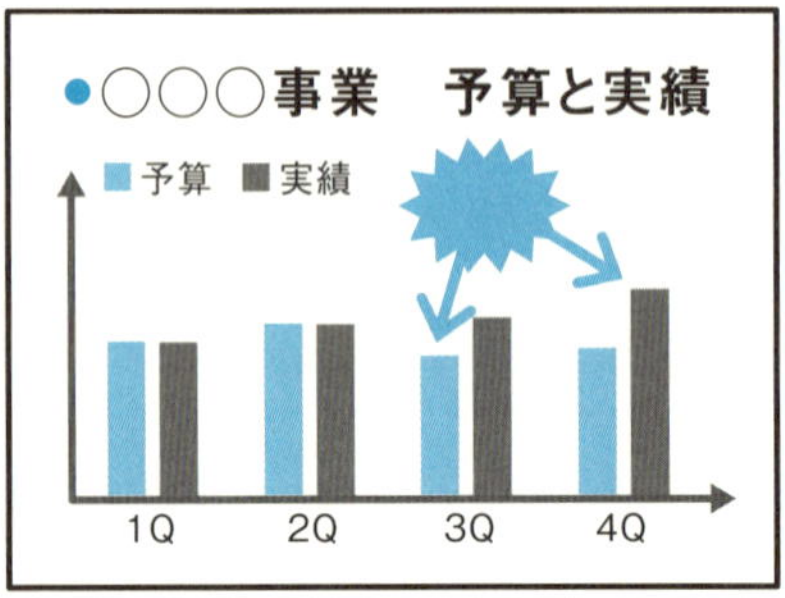

予算と実績

・2つの棒グラフをセットにする
・予実のギャップの大きいところは引き出し線で説明

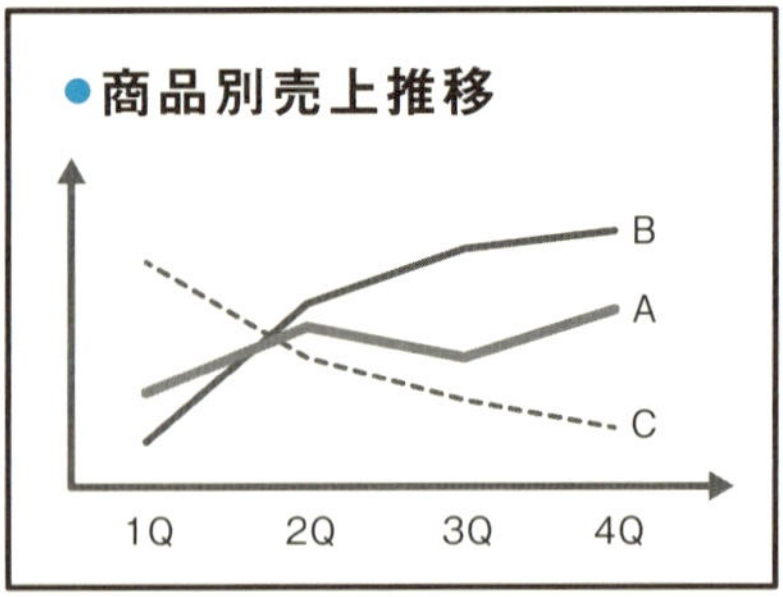

商品別の推移

・複数の数値が交差する場合は線グラフが良い
・線が区別できるよう色や線種を考える

比べる物の数が多い場合は線グラフを使う

第 6 章

ここで差がつく!
プレゼン

Basic rules of documentation

Basic rules of documentation

35

資料を引っさげて、プレゼンを必ず成功させる！

!

プレゼンの基本に忠実に、
リハーサルを繰り返す

入念な準備が必要

さて、最終章では効果的なプレゼンについてご説明していきたいと思います。

アップル社の元CEOで共同創業者の故スティーブ・ジョブズは、プレゼンの達人としても知られています。

たとえば、iPhoneの発表会のときに語った「電話を再発明する」というセリフは有名ですが、なかなか、こんなセリフがすんなり出てくる人はそういません。

そう、ジョブズだって入念に準備しているのです。

聴衆を魅了するそのテクニックの秘密を『スティーブ・ジョブズ　驚異のプレゼン』（日経BP社）の著者で、コミュニケーションコンサルタントであるカーマイン・ガロ氏は、10つのポイントとして次のようにまとめています。

1　テーマを明確に示す

2　情熱を見せる

3　プレゼンの概略を示す
4　数字に意味を持たせる
5　忘れられない瞬間を演出する
6　視覚に訴えるスライドを用意する
7　1つのショウとして見せる
8　小さなミスやトラブルに動じない
9　機能ではなくメリットを売りこむ
10　繰り返しリハーサルをする

天才に学ぶ！プレゼン10ヶ条

プレゼン成功の10ヶ条を見て、みなさんはどう思いましたか？

カリスマ性のある天才的クリエイターの印象が強いジョブズですが、基本はさほど変わらないように思えます。

むしろ、基本に対してものすごく忠実で、どんなに有名で皆の注目を集める存在になっても、プレゼンをとことん突き詰め、リハーサルを繰り返した姿に私たちは学ぶべきことがたくさんありそうですね。

10ヶ条の中でも私たちにとって4と9は多いに参考にできそうです。

たとえば、ジョブズは初代iPodが発売されるときに、「この音楽プレイヤーは容量が5GBもある」という代わりに「1000曲がポケットに入るんだ」と表現し、その携帯性を説明する代わりに、「小さくてガムより軽い」と表現しました。

こうした例を通して、彼の説明する中身が、難解な専門用語や単なる数字の羅列ではなく、**「聴衆にとって意味のある言葉や数字に変換されている」**点に注目したいものです。

Basic rules of documentation

36

1スライドに1メッセージはキホン。それ以外は？

!

2、3、4に分けて
効果的に表現する方法を知っておく

スライドをあえて分割させるのもアリ

1スライドに1メッセージ、といっても、メッセージを伝えるときに情報が1個ということにはなりません。情報を適切に分解、分類することで、読み手によりうまくメッセージが伝わるようにすべきです。人間はこんがらがったヒモをほどいてあげると、安心し、相手のことを信頼します。

ここでは、1~4まで、スライドを分割する数に着目して、それが読み手にとってどのような印象を与えるかを中心に見ていきましょう。

1＝唯一無二、もっとも強いメッセージ

情報の個数が1つだと、資料の作り手としては不安になるかもしれません。しかし、読み手が他の情報に目を向けることがないので、もっとも強く印象づけることができます。

作り手がやりがちなのは、モレがこわいので、ありとあらゆる情報を資料に盛りこ

んでしまうこと。すると、多くの場合に逆効果となってしまいます。

そうした意味では、**1つのスライドに1つの情報を置いて、それがすべてを代弁しているのだというのは、かなり強いメッセージとして読み手に映る**でしょう。

スティーブ・ジョブズも、スライドに1つのフレーズ、1つの写真などで聴衆へ強いインパクトを残すことに成功しています。

対比を見せたいときは2つに分ける

2＝相反する2つのものを比較するのに適している

ビジネスというのはしばしば相反するものをバランスよく同居させることが求められます。そうした場合に、物事を分類するときに、相反する2つに分けるというのはよくやる手です。たとえば、こんなふうに。

メリットとデメリット、売上増施策とコスト減施策、長期的観点と短期的観点、新規事業と既存サービスの強化、拡大か縮小か……。

異なる2つの視点から点検することで、ものの見方が偏ったり、判断が一方的になることを防ぐことができます。

人間心理的にも二律背反はとてもわかりやすいので、紙面を二分して、色なども分けて対照的なレイアウトにするとより効果的です。

3＝重要かつ代表的な要素をピックアップする

3は何かを選ぶ根拠として必要最小限の数字です。心理学的にも、何かを説明するために十分な理由の数は3つ以上です。しかし、多すぎると逆に拒絶される傾向にあります。情報量が多いと1つずつのインパクトも減ってしまいます。そうした意味では、**何かの根拠や特徴を示す場合に、「まず3つあげてみよう」というスタンスで中身を考えるのがいい**のではないでしょうか。

結論の理由、新製品の特徴、新ルールの注意点など、3つ、各々がかぶらないような分類を考えてみることです。また組織や体制などを考えるときにも、3つというのは都合がいいです。2だと、紅白歌合戦ではないですが、2つに分裂して、対立してしまいます。対立関係からは前向きなものは生まれません。

しかし、全体が3つに分割していると、各々の独立性は確保すれば全体が分裂、対立ということは避けられます。三権分立の図を思い起こすとよくわかると思います。

5つ以上の分割はもう頭に入ってこない

4＝優先順位をつけるときに便利

2の数字のところで、1つの相反する視点を用いるとモレがなくなるという話をしました。4は分解すると2×2ということになります。つまり、2つの相反する視点を用いて分類することが可能になります。**2×2のマトリックスで分類する**と考えればいいでしょう。

たとえば、緊急か緊急でないか、重要か重要でないか、というのはそれぞれ二律背反的な視点ですが、これを組み合わせることで、緊急かつ重要、緊急だが重要ではない、緊急ではないが重要、緊急でも重要でもない、という4つに分類することができ

1〜4の分割を有効に使おう

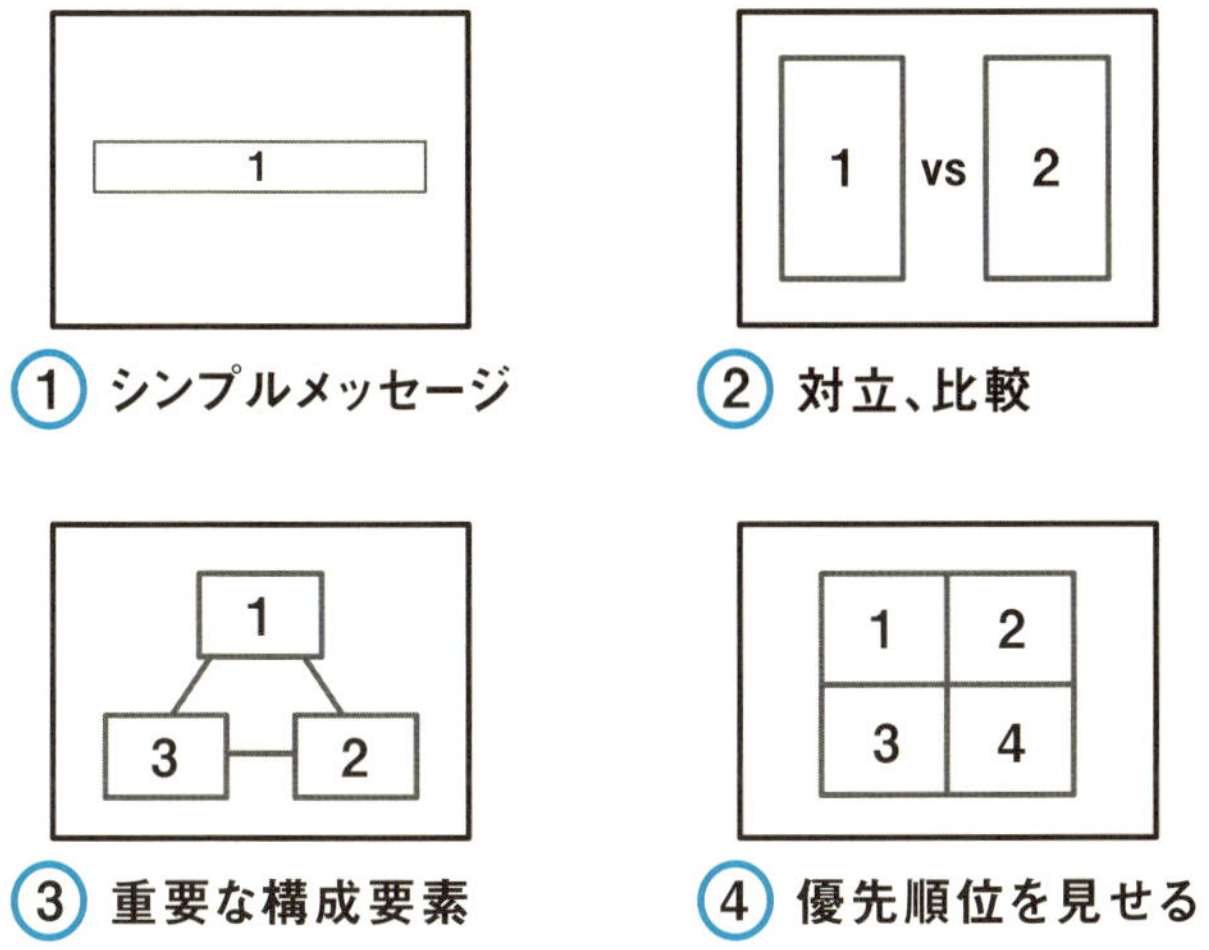

ます。これは「時間管理のマトリックス」として知られるもので、やるべきタスクの優先順位を決めるための便利なフレームワークです。

ちなみに、全体を5つ以上に分割するというのはよほどのことがない限り、あまり意味がありません。

心理的にも多すぎる印象になりますし、4＝2×2のような論理的に優先順位をつけるようなことも難しいです。

選択肢が多くなると、思考の許容範囲を超えてしまいがちです。分割する場合には、1、2、3、4。これを念頭に置くといいでしょう。

Basic rules of documentation

37

相手の心に直接訴えかける「物語性」が欠かせない

!

記憶に残る話は「サクセスの法則」

口裂け女はなぜ都市伝説化したのか？

私が小学生の頃、「口裂け女」という都市伝説が日本全国で蔓延し、社会問題となりました。口裂け女は、こんな話です。

マスクをした若い女性が、子どもに「わたし、キレイ？」と聞いてくる。「キレイ」と答えると「これでもか！」と言いながらマスクをはずすと、口は耳元まで裂けている。「キレイじゃない」と答えると包丁で斬り殺されるといったものです。逃げても車並みのスピードで追いかけてくると聞いて、小さかった私は恐怖におののきました。

問題はなぜ、このような話が都市伝説になるのか。都市伝説になるのはどういった話なのか、ということです。

おそらくは、「聞いてすぐに具体的なイメージがわいてくる」「映像が印象的」「ストーリーが具体的」といったことでしょうか。

『アイデアのちから』（日経BP社）の著者であるハース兄弟は、こうした人の印象に残る話には共通点がある、としてリサーチして、その特徴をまとめました。その結果、印象深い話には、6つの特徴があるということがわかったのです。6つの特徴のそれぞれの頭文字をとって「SUCCESs（サクセス）の法則」と名づけました。

この6つは、次のようなものです。

1　単純明快（Simple）
2　意外性（Unexpected）
3　具体的（Concrete）
4　信頼性（Credible）
5　感情に訴える（Emotional）
6　物語性（Story）

ハース兄弟によれば、これらがすべてそろっているとは限りませんが、印象深い話、人の口コミで伝わりやすい話、都市伝説などはこれらの要素がいくつか入っているということです。

ここでも、この本で何度も説明している「シンプル」も入っていますね。

ロコミされる話には共通点がある

S	imple	＝ 単純だ
U	nexpected	＝ 意外!
C	oncrete	＝ 具体的だ
C	redible	＝ 信頼できる
E	motional	＝ 感動できる
S	tory	＝ 物語性がある

の法則

「サクセスの法則」で心をつかもう!

人は論理的に先が読めると興味を失うので、「意外性」も話に引きこむためのフックとして重要です。また、数字や客観的事実を用いて具体的に示す、ということも何度も説明しているところです。

一方、興味深いのは「感情に訴える」「物語性」といったことです。これはどのようなことでしょうか？

募金したくなるアフリカの少女のストーリー

実は**プレゼン最大の敵は、論理だけでは納得させることのできない個人的な感情**です。

資料を読んで判断する人間は、最終的には感情の動物です。どんなにロジカルな人でも自分の感情に多少なりとも左右されます。そのため、**何かを伝えるときには、なるべく身近で、人が実感できる内容が望ましい**でしょう。たとえば、アフリカの水問題に救済金を募る場合を考えてみましょう。

「ナイル川の水が干上がった３１０万平方キロもの土地に、アフリカ最貧国６ヵ国があり、至急援助が必要」

とのメッセージがあります。

たしかに、具体的で、数字も入っているし、論理の筋も通っているのに、募金をしようという気にはなりません。なぜでしょうか?

それは、自分の感情に訴えかけてこないからです。1つの物語として感動を伝えられていないからです。それでは、こういったメッセージだとしたらどうでしょうか?

「アフリカ、スーダンの村に住む10歳の女の子エバちゃんは、毎日20キロ離れたところに水を汲みにいかなければなりません」

同じ情報でも、視点を変え、より身近なストーリーに置き換えると印象はずいぶん変わります。

10歳の女の子を想像し、「自分の子どもと同じくらいだ」とか、「20キロ歩くだけでも大変なのに、何リットルもの水をバケツに入れて運ぶのはどんなにつらいか」と容易にその過酷な状況がイメージできると思います。

人は常に「論理」と「感情」の相反するベクトルでものを考えます。論理的に正しいと考えることができても、感情が抑えられないと行動は止められません。逆に言えば、論理的に正しいというだけでものを購入したり、判断したりはできないということです。どんな大会社の社長でも、ひとりの人間です。人間の感情を動かさずに物事をすすめることはできないのです。

こうした感情に訴えかける物語性を資料に活かすには、どのようにしたらいいでしょうか？　小説でも書くのであれば別ですが、淡々とした事実や客観的データを並べる資料において、感情に訴えかけることは可能でしょうか？　答えはイエスです。

レビューなど顧客のナマの声が一番刺さる！

一番効果的なことはケーススタディを紹介したり、顧客の声をひろうことです。

たとえば、何かの商品を紹介しようとする場合、商品の機能が優れているとか、価格が安いだけでは購入したりしません。

「なかなかいいね」と思っても、実際に購買行動に移すためには強い動機づけ、つまり感情を動かす必要があります。そのために頻繁に用いられるのが「顧客の声」です。

顧客の声はなるべくナマのほうがいいです。一番いいのは、自分が顧客として体験してみることです。サンプルがあれば試してみる、デモがあれば試しに使ってみる、触れてみる、こうした実感が感情を突き動かします。

もし、ナマが難しければ、実際にそれを使った人の声を紹介することです。

通販サイトなどの商品コメントで、利用者の声がたくさん紹介されているのは、そうした目的によるものです。**「こんなときに助かった」「便利です」といった声の中に、自分と同じような境遇、自分と同じように困っている人を見つけられれば、非常に心を動かされます。**

こうした声はなるべくナマのほうがいいので、情報は加工しないほうがベターです。名前はともかく、顧客の年齢、職業、家族構成、シチュエーションなどは具体的なほうがいいです。これは企業のケーススタディも同じです。単に某企業が使って効果があったというよりも、企業名が入っているほうがベターですし、可能であれば、担当者のナマのコメントを氏名入りで紹介するのがベストです。

Basic rules of documentation

38

意外と読まれている巻末のＦＡＱ

!

説明のスキルが磨かれる

疑問に思ってもその場で質問できる人は少ない

商品やサービスを紹介するＷｅｂサイトでは、たいていＦＡＱなるページがあって、「よくある質問」に対する回答集がまとまっています。

これは、利用者や購入検討者から企業のコールセンターなどに直接すべての問い合わせがあると十分に対応ができないため、あらかじめ自己解決してもらうための手段として用意されています。

一方、資料ではどうでしょうか？

資料を読んで疑問があれば、目の前の回答者にその場で質問できるので、ＦＡＱは不要にも思えます。

また、どのような質問が出てくるかわからないし、その場で答えられない専門的な内容の場合は、会社に持ち帰る必要が出てくることもあるでしょう。

それならＦＡＱは不要でしょうか？　いや、私は資料においてもＦＡＱは必要だと思います。

プレゼンや資料の説明を受けた人にとって、資料の内容がおおよそ理解でき、なおかつメリットのあることであっても、アクションにつながらないことがあります。その1つの理由として、疑問が解消されない場合が考えられます。

疑問には自分自身で持つ疑問と、その担当者がさらに上司や関係部署に説明するときに、質問される疑問点の2つがあります。

その場で浮かんだ質問は、説明を受けたときに質問することができます。しかし、説明を受けた後で生じた疑問はどうでしょう?

わざわざ連絡するなり、メールなどで質問すればいいですが、中には質問しないでそのまま「疑問」として残ったままにする人も少なからずいます。

また、本人はとくに疑問を持っていなくても、関係部署や上司に自ら説明する段階で生じた質問に答えられなくなる場合もあります。

営業の提案書などで相手方の担当者が気に入ってもらえているのに、受注が決まらないなんてことはよくある話です。担当者が決裁者やキーマンの疑問を解消できず、稟議が承認されないケースが考えられます。

誰が見てもわかるよう想定内の疑問に答えておく

そのためにも、よくある質問、想定される疑問については、あらかじめ一問一答形式で巻末資料として補完するといいでしょう。

資料の本文で説明すると、どうしても1つの見出し、1つのスライドに入れる情報量が増えすぎて、全体の流れが悪くなります。

どんなに長い資料でも、最初の10スライドくらいで提案の全貌がわかるようにしておきたいので、細かい資料は巻末などに配置するほうがベターです。ただし、目次等でＦＡＱが存在することはきちんとアピールしておきましょう。

資料は常に誰かがしっかり説明してくれるわけではなく、一人歩きするもの。小さな会社やトップダウン経営の会社であれば、担当者→社長で決裁されるケースもあるでしょうが、ある程度の大きさの、とくに日本の企業では稟議という承認システムを採用しています。

稟議では、直属の上司、担当部長、担当役員、管理本部長、社長などいろんな人の目にとまります。承認ルートのどこかで、誰かが、疑問を持ち、それが解消されなければ稟議は承認されません。

資料が一人歩きしたときに、読み手の疑問にしっかり答えられるようにしておきましょう。

3〜7くらいがちょうどいい数

FAQは一問一答で、質問も答えの文章も短く、簡潔にすることが大事です。話し言葉で書くと、自然と長くなってしまいがちです。理想は質問も答えも1行でおさまるようにしたいものです。

質問の数は基本的には1ページあるいは1スライドでおさまるようにしましょう。

FAQは全員が目を通すものではなく、ざっと質問一覧を見て「あっ、そうそう、俺もここが疑問だったんだよな」と思うところだけ読む、という使われ方です。

また、本当に頻繁に聞かれそうなことにしぼった質問がいいと思います。

人間の心理として7を超えると多すぎる、3を切ると少なすぎるという傾向があります。そのため、質問項目は3〜7くらいを目安に、頻繁に質問される順に質問の見出しを並べましょう。

ＦＡＱが充実していると、資料を説明する人のスキルも磨かれます。

おわりに

資料作りのキホンは、仕事のキホンにも通じるもの。

本書は資料作りのキホンということで解説していますが、本書でご説明した「Whyから考える」がとくに大切です。

物事の本質からスタートすることで、資料の質は格段に向上するにちがいありません。そして、Whyから問題解決ができるようになれば、それはロボットやAIでは到底なしとげられない芸当です。

毎日のようにAIを使ったサービスが発表され、もうベテランのノウハウは不要とか、職種によってはAIやロボットに取って代わられてしまう、といったニュースが相次いでいます。自分の仕事が将来存在し続けるのだろうか?

そんな漠然とした不安を感じている人もいるでしょう。

しかし、こうした技術革新の流れは心配してもムダです。心配しても、世の中は変わるところまで変わってしまうし、何をしても流れにあらがうことはできません。であれば、考え方を変えませんか？

「ロボットが代わりに仕事をしてくれて、ありがとう！」と。

なぜなら、あなたの代わりにロボットがやってくれるんだったら、あなたはもう、そのルーティンな仕事はやらなくてすむのですから。

自分で高度な仕事だと思っていても、アルゴリズムとして自動化可能であれば、そんな仕事はやはりマシーンにやらせておけばいいのです。

では、その後、私たちは何をやるのか？　それはもちろん、もっともっと、創造的な仕事です！


人間は生まれながらにしてクリエイティブの塊みたいな存在です。

小さな子どもを見るとよくわかります。大人の思いもよらないような道具の使い方をしたり、大人がいつも見落としている中に新たな発見をしたりします。

人間は本来、こうした創造性豊かな存在です。長い間、常識の中でもまれて、こうした能力を発揮する機会がなかっただけなのです。

では、創造性のある仕事とは何でしょうか?

それは、人に驚きや感動を与える仕事です。

別にサービス業やエンターテイメント業に限ったことではありません。すべての業種、すべての職種において、相手に驚きや感動を与えることはできます。そして、それは相手のことを本当に考えてあげて、「不」を取り除き、本来こうあるべき姿に近づけてあげることです。


正解はありません。答えはあなた自身で考えるのです。創造性を発揮して、あなた自身の答えを見つけることができたとき、あなたは、心の底から仕事のおもしろみや醍醐味を感じることができるでしょう。

マシーンができる仕事にしがみついて、仕事の本来のおもしろみを見つけることができないのはもったいないです。考え方を逆転させて、ぜひとも新たな道を模索してください。


解決すべき問題を発見して、相手のために驚き、感動を与える仕事のやり方をみんなで考えていきましょう。

本書を通じて、みなさんの仕事のやり方、考え方に新しい息吹を吹きこめれば、著者として大変うれしく思うしだいです。

２０１７年４月　永田豊志

〈著者紹介〉
永田豊志（ながた・とよし）

◇－知的生産研究家／株式会社ショーケース・ティービー共同創業者兼代表取締役社長
九州大学卒。リクルートで新規事業開発を担当。

その後、出版社や版権管理会社などを経て、株式会社ショーケース・ティービーを共同設立。創業11年目で東証一部上場へ導いた。2019年より同社、代表取締役社長就任。経営全般を指揮している。

また、図解思考、フレームワーク分析などビジネスパーソンの知的生産性研究にも取り組んでおり、国内外での執筆活動や講演でそのノウハウ普及を行う。

本書では著者がリクルート時代、そして起業家として活躍する中で培った「伝わる・通る」資料作成のコツを余すことなく伝授している。

◇－著書に『知的生産力が劇的に高まる最強フレームワーク100』（SBクリエイティブ）、『頭がよくなる「図解思考」の技術』『プレゼンがうまい人の「図解思考」の技術』（いずれもKADOKAWA）など多数。

会社では教えてもらえない 仕事がデキる人の資料作成のキホン

2017年5月29日　第1刷発行
2024年5月15日　第6刷発行

著　者――永田豊志
発行者――徳留慶太郎
発行所――株式会社すばる舎
Subarusya
東京都豊島区東池袋3-9-7 東池袋織本ビル　〒170-0013
TEL　03-3981-8651（代表）　03-3981-0767（営業部）
振替　00140-7-116563
http://www.subarusya.jp/

印　刷――株式会社シナノ

落丁・乱丁本はお取り替えいたします

ISBN978-4-7991-0613-6